U0600507

湖南省高等继续教育发展
年度报告
（2021）

湖南大众传媒职业技术学院　编著

许德雅　主编

湖南师范大学出版社
·长沙·

编委会

主　任

王仁祥

副主任

刘奇军　崔书芳　李三福　贺战兵

成　员

王　荣　殷　劭　彭文科　刘彦奇
毕树沙　郑蜀仕　许德雅

主　编

许德雅

编写人员

许德雅　银奕淇　姚宝权
李　烜　曹　胜

案　例

杨　洋　彭丽华　赵常霖
刘牧芊　周清英　李　洁

数　据

谭志超　马晓卉　蒋耀辉
胡　楠　熊　瑛　方　程

统　稿

许德雅　杨　洋　彭丽华

前　言

　　2021 年是中国共产党成立一百周年，是"十四五"规划开局之年，也是全面建成小康社会、开启全面建设社会主义现代化国家新征程的关键之年。在省委、省政府的坚强领导下，湖南省教育系统以习近平新时代中国特色社会主义思想为指导，全面贯彻党的十九大和十九届历次全会精神，沉着应对百年变局和世纪疫情，积极推进教育事业改革发展，构建新发展格局，迈出新步伐，高质量发展取得新成效。

　　2021 年，湖南省贯彻落实教育部关于高等继续教育改革发展政策和工作部署，围绕"三高四新"战略定位和使命任务，坚持规范与发展并重的原则，有序推进湖南省高等继续教育转型发展，成效显著。湖南省高等继续教育规模保持稳定发展的良好局面，治理体系逐步健全，多元化办学格局日益完善，为区域经济发展、学习型社会建设、乡村振兴战略实施、援藏援疆与教育帮扶等，提供坚强有力的人才支撑和智力支持。

　　一是转型发展成效明显。2021 年，湖南省举办高等学历继续教育的高校数量为 87 所，较上一年减少 3 所，普通本科高校和高等职业学校都呈现出连续两年减少的趋势。全年全省新冠疫情防控成效较好，很多高校线下培训活动受影响较小，全省举办非学历教育的高校数量强势反弹，多达 93 所，创历史新高。

二是专业结构持续优化。2021 年，湖南省科学规划高等学历继续教育专业设置，开设本科、专科专业点 1887 个，其中本科专业点 906 个，专科专业点 981 个，专业点的数量专科略高于本科。高等学历继续教育优化专业结构，主动适应行业人才需求和地方经济发展需求，撤销、停办与社会需求不相适应的专业点 252 个。

三是办学规模稳定增长。2021 年，湖南省进一步规范高等学历继续教育健康发展，全省高等学历继续教育在举办高校数量和招生专业均减少的情况下，招生人数仍有小幅度的增长，共计 36.16 万；在校生人数 82.06 万人，较上一年增加了 4.73 万人。在全省新冠疫情防控有力的措施下，复工复学有序推进，93 所高校逐渐恢复非学历教育培训，开展各类培训项目 2316 项，开办培训班 9106 班次，培训学员 181.06 万人次。

四是课程资源优化整合。2021 年，湖南省新增 41 个省级职业教育专业资源库建设项目，累计建有国家级教学资源库 31 个、国家级精品在线开放课程 6 门、省级精品在线开放课程 595 门、省职业教育示范性虚拟仿真实训基地建设单位 15 个和培育单位 11 个。各高校累计建有在线开放课程 23215 门，各类非学历教育学习资源 54390 个，课程资源基本覆盖所有专业课程。同时持续推进继续教育与高等教育资源的优化整合，全年全省各高校购置电子图书 41607.62 万册、音视频 5489095.81 小时，继续教育专用和共享学校教室 14659 间。

五是服务社会能力增强。2021 年，湖南省高校充分发挥社会服务功能，持续实施农民大学生培养计划，累计培养农民大学生 1.44 万人，助力乡村振兴。全省高校积极落实湖南省"三高四新"战略，依托优势学科和优质资源，积极构建服务湖南区域经济发展的特色继续教育体系，开设相关专业点 595 个、培养人才 153406 人，开展各级各类培训项目 372 项、培训班次 820 个、培训企业员工 97387 人。积极推动学习型社会建设，有效实现社区教育和老年教育资源共建共享，湖南省终身教育公共服务平台不断优化升级，汇聚视频资源 2500 余个，增加课程 900 余门，向居民免费开放。持续做好援疆援藏和教育帮扶工作，全省高校依托高校在人才、科技、智力、信息、产业等方面优势，培养学历继续教育学生 28.1 万人，非学历教育培训人数 10.53 万人次。

六是体制机制改革创新。湖南省不断强化高等继续教育事前事中事后的监管和服务，构建"3+N"高等继续教育监管服务新模式，不断完善专业检查与评估机制、函授站备案机制、高等继续教育发展报告编制机制、"多主题"调研和专项检查机制。建立健全高等继续教育师资队伍建设新机制，全省 87 所高校以师德师风建设为抓手，组织开展高等继续教育教师系列主题活动，1.77 万名教师对标对表师德师风建设标准，开展自我对照检查；完善高等继续教育教师评价体系。构建高等学历继续教育广告发布管理新体系，统筹协调市场监管、网信、公安等行政部门，开展高等学历继续教育广告发布管理专项行动，制定广告发布管理规范，统一规定发布渠道和方式，成立广告审查专员队伍，强化对省内高等学历继续教育广告发布管理的常态化"体检"。继续书写服务"一带一路"新篇章，打造以"汉语＋技能""专业＋文化"为核心的国际化办学模式和人才培养模式，精准对接"一带一路"国家人才培养需求，开展来华留学、研修访学、职业教育培训等活动，培养、培训专业技能型人才 3189 人次。

与此同时，湖南省高等继续教育与高质量发展的要求还存在一定的差距，优质供给纾困乏力，规范管理不够细，内涵发展步伐缓慢，全省继续教育与社会转型发展不相匹配的问题也日益明显。面对问题与挑战，湖南省将持续推进高等继续教育规范健康发展：一是实施高等继续教育质量提升工程，进一步调整专业布局，着力提升人才培养质量，增强服务实施"三高四新"战略能力。二是深化高等继续教育体制机制改革，出台高等继续教育规范办学的政策举措，健全高等继续教育管理体制机制，强化高校办学主体责任。三是推进高等继续教育高质量发展，强化高校继续教育办学定位，分类分层举办继续教育；利用信息化手段，拓展办学监管和质量监测新渠道。

目　录

图表目录

1. 高校概况

1.1 高等学历继续教育情况

1.1.1 高等学历继续教育主办高校数量有序减少

2021 年，湖南省贯彻落实教育部关于高等继续教育改革发展政策和工作部署，坚持规范与发展并重的原则，指导全省有关高校推进高等继续教育转型发展。省内部分高校调整了高等继续教育发展定位，其中中南大学、湖南大学全面停止高等学历继续教育招生，并完成了对现代远程教育试点工作的全面总结性评估；其他还有几所高校也逐渐停办了高等学历继续教育。据统计，全省举办高等学历继续教育的高校数量较上一年减少了 3 所，其中普通本科高校和高等职业学校呈现出连续两年同比减少的态势。（见图 1-1）

▲图 1-1　近五年全省举办高等学历继续教育高校数量变化情况

数据来源：湖南省高等继续教育发展年度报告数据采集系统

1.1.2 校外教学点调研摸排工作成效显著

2021 年 11 月份，湖南省落实教育部工作部署，组织省内高校对设置的校外教学点进行全面调研摸排。据统计，全省共有 60 所高校在省内外设置校外教学点 1249 个，其中在湘设置校外教学点 1009 个，在省外设置 240 个。在设置校外教学点的主办高校中，32 所普通本科高校设置校外教学点 983 个，占校外教学点总数的 78.70%；24 所高等职业学校设置校外教学点 101 个，占比 8.09%；4 所独立设置成人高校，设置校外教学点 165 个，占比 13.21%。（见图 1-2）

在摸排出的校外教学点中，函授站数量最多，共 948 个，占 75.9%；现代远程教育校外学习中心和开放教育学习中心相对较少，分别是 172 个和 129 个。（见图 1-3）

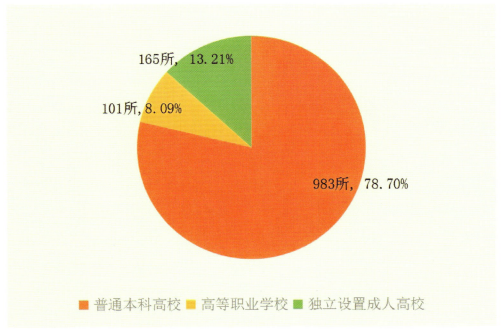

▲图 1-2　2021 年设置校外教学点不同类型高校数量对比情况
　　数据来源：湖南省教育厅高等教育处、职业与成人教育处

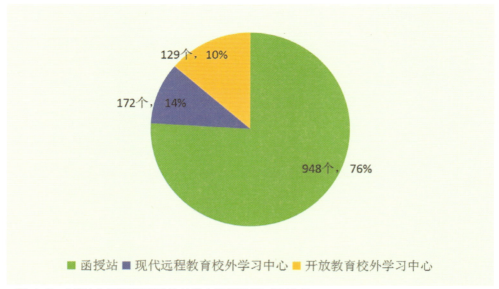

▲图 1-3　2021 年不同类型校外教学点设置数量对比情况
　　数据来源：湖南省教育厅高等教育处、职业与成人教育处

1.2　非学历教育情况

1.2.1　非学历教育举办高校数量强势反弹

　　2021 年，湖南省新冠疫情防控成效较好，很多高校线下培训活动基本未受到影响，全省举办非学历教育的高校数量创历史新高。据不完全统计，全省 93 所高校立足服务区域经济发展，对接湖南省"三高四新"战略需求，赋能乡村振兴，主动承担教育培训任务，也让非学历教育迎来了新的发展。在不同类型高校中，高等职业学校增幅最大，增加了 16 所，增幅达 37.21%。（见图 1-4）

▲图 1-4　2017—2021 年举办非学历教育高校数量情况

数据来源：湖南省高等继续教育发展年度报告数据采集系统

1.2.2　职业教育服务经济发展能力明显

普通本科高校中，湖南大学、中南大学、湖南师范大学等重点高校打造出了非学历教育品牌，培训项目数量"一骑绝尘"，其他本科高校举办培训项目数量相对较少。据统计，2021 年普通本科高校开办 10 个以上培训项目的高校仅有 9 所，占 31.03%。相比较，高等职业学校得益于产教融合、校企合作机制，具有与行业企业联系紧密的天然优势，也有举办非学历教育的资源保障。2021 年举办非学历教育的高等职业学校增加至 59 所，占全省高等职业学校数量的 74.68%，开办 10 个以上培训项目的高等职业学校数量多达 37 个，占 62.71%。（见表 1-1）

表 1-1 2021 年开办培训项目超过 20 项的高校分布情况

学校名称	项目数（个）
湖南大学	417
中南大学	86
湖南农业大学	44
湖南师范大学	97
湘南学院	23
长沙民政职业技术学院	56
湖南工业职业技术学院	97
长沙航空职业技术学院	40
湖南大众传媒职业技术学院	88
永州职业技术学院	74
湖南铁道职业技术学院	43
湖南交通职业技术学院	25
保险职业学院	97
湖南邮电职业技术学院	99
长沙环境保护职业技术学院	35
岳阳职业技术学院	36
常德职业技术学院	78
湖南化工职业技术学院	32
湖南石油化工职业技术学院	54
湖南工艺美术职业学院	28
湖南高速铁路职业技术学院	43
湖南安全技术职业学院	37
湖南电气职业技术学院	36
湖南幼儿师范高等专科学校	27
湘潭教育学院	40
湖南开放大学	46

数据来源：湖南省高等继续教育发展年度报告数据采集系统

2. 专业设置

2.1　专业结构布局

2.1.1　构建多层次多学科多形式融通的专业结构

2021 年，湖南省高等学历继续教育遵循高等教育规律和成人学习规律，科学合理做好专业设置规划，开设本、专科专业点 1887 个，其中专科专业点 981 个，本科专业点 906 个，专科专业点的数量略高于本科。全省高等学历继续教育开设的本专科专业基本涵盖了工学、管理学、医学、教育学、文学、法学、经济学、农学等多个学科，财经商贸大类、电子与信息大类、土木建筑大类、公共管理与服务大类、教育与体育大类、医药卫生大类、装备制造大类、交通运输大类、农林牧渔大类等多个专业大类。近年来，全省高等继续教育开设的本、专科专业招生规模基本稳定。本科专业招生规模排名前五的学科分别是工学、管理学、医学、教育学、文学。（见图 2-1）

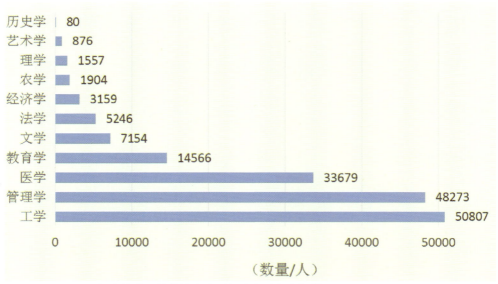

▲图 2-1　2021 年高等学历继续教育本科招生学科学生规模
数据来源：湖南省高等继续教育发展年度报告数据采集系统

专科专业招生规模排名前五的专业大类分别是财经商贸大类、土木建筑大类、电子与信息大类、公共管理与服务大类、教育与体育大类。（见图 2-2）

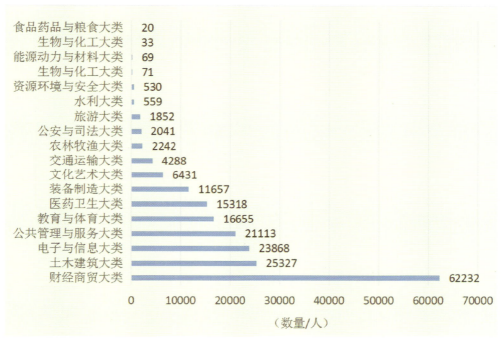

▲图 2-2　2021 年高等学历继续教育部分专科招生专业大类学生规模
　　数据来源：湖南省高等继续教育发展年度报告数据采集系统

现代远程教育停止招生后，高等学历继续教育主要有成人高等教育和开放教育两种教育类型，其中成人高等教育已成主要的办学形式，专业点数量占了 96.13%。在成人高等教育三种办学形式中，函授专业点数量最多，共计 1017 个，占 53.90%；业余专业点数量次之，占 38.95%；脱产专业点最少，仅占 3.29%。（见图 2-3）

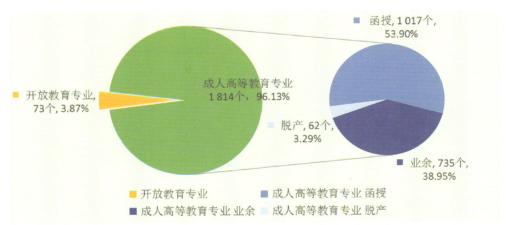

▲图 2-3　2021 年高等学历继续教育不同办学类型招生专业数量情况
数据来源：湖南省高等继续教育发展年度报告数据采集系统

2.1.2　拓宽省内省外协调发展的专业格局

2021 年，湖南省高等学历继续教育主动对接产业发展需求，服务"三高四新"战略，助力湖南区域经济发展，在省内设置本、专科招生专业点共 1862 个，办学形式主要以函授为主，业余、脱产为辅。普通本科高校是举办高等学历继续教育的主力军，设置本科专业点 1052 个，占 56.50%；高等职业学校和独立设置成人高校设置专科专业点分别占 30.77%、12.73%。（见图 2-4）

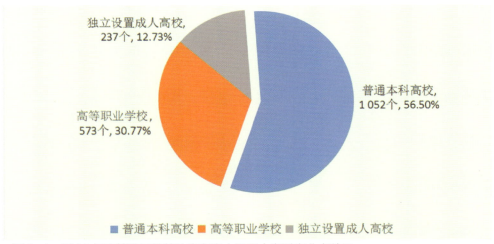

▲图 2-4　2021 年高等学历继续教育在省内设置本专科专业点数量
数据来源：湖南省高等继续教育发展年度报告数据采集系统

案例 2-1 不断优化专业结构布局，服务地区社会经济发展

长沙理工大学继续教育专业设置坚持以普教专业为依托，以市场需求为导向，科学进行专业设置，发挥学校优势学科，强化特色专业的建设和调整，突出发展交通、电力、轻工、水利行业特色专业。按照教育部关于高等学历继续教育专业设置的有关管理办法和要求，根据近年来招生情况及社会的需求，该校对招生专业进行了全面的清理，停止生源规模小、社会需求小的专业招生，增设社会热点专业，突出行业特色，集中力量办好优势本科专业。

湖南财经工业职业技术学院继续教育始终把服务地方支柱产业及战略性新兴产业、培养技术技能型人才作为出发点和落脚点，坚持"立足产业办专业"的专业建设原则，按照"新产业引领新专业，强专业适应强产业"的思路，保持专业建设同区域经济社会发展协同一致，形成了"财工兼备"产教深度融合的特色专业体系。该校以"现代企业财务管理专业群""现代装备制造与维护专业群""现代商贸服务专业群"三个省一流特色专业群建设为引领，协同发展现代信息技术专业群，更好地适应了区域经济社会发展的需要。

湖南省高等继续教育在云南、广东、海南等全国 30 个省市开设 578 个专业点，形成以本科专业为主、专科专业为辅的格局，满足了社会不同职业、不同层次人群学习的需求，推进了学习型社会建设。服务社会经济发展，围绕融入粤港澳大湾区建设战略、西部大开发战略、乡村振兴战略等国家重大部署，积极在云南、广东、海南、广西、新疆等地开设优势特色专业。（见表 2-1）坚持市场需求导向，在山西、浙江、贵州等部分省市单独开设 24 个当地紧缺专业，实现行业产业紧缺人才培养、对口帮扶任务。

表2-1　2021年高等学历继续教育设置专业点数排名前十的省份

省份	专业点数	省份	专业点数
云南	321	福建	123
广东	250	新疆	119
海南	238	山西	108
广西	229	山东	97
贵州	214	甘肃	64

数据来源：全国高等继续教育信息管理系统2021年高等学历继续教育拟招生专业数据

2.2　专业结构调整

2.2.1　新设专业凸显高校办学路径

2021年，湖南省22所高校围绕国家发展战略、行业人才需求和区域经济社会发展需要，根据学校办学定位、优势学科专业和办学条件，新增铁道物流管理、数据科学与大数据技术、经济信息管理、健康服务与管理、物联网工程等114个专业点，主动对接新经济、新业态、新技术、新职业，科学设置专业，优化专业结构，提高专业供给能力和办学质量，服务全民终身学习。不同类型高校办学路径趋于清晰，8所普通本科高校强化与校外设点单位合作，新增函授本科专业36个；10所高等职业学校共享学校教学资源，新增业余专科专业61个；4所独立设置成人高校依托学校资源，新增业余和脱产办学类型专科专业17个。

2.2.2　停招专业契合社会需求变化

近年来，湖南省加大高等学历继续教育专业设置统筹力度，建立专业预警与退出机制，指导高校对现有的本科、专科专业进行检查评估，主动回应社会需求变化，调整、撤销评估不合格或连续 3 年未招生的专业。2021 年，湖南省高等学历继续教育主动适应行业人才需求和地方经济发展需求，优化专业结构，撤销与社会需求不相适应的专业点 252 个，其中普通本科高校停办 163 个专业点，高等职业学校停办 84 个，独立设置成人高校停办 5 个。（见图 2-5 ）

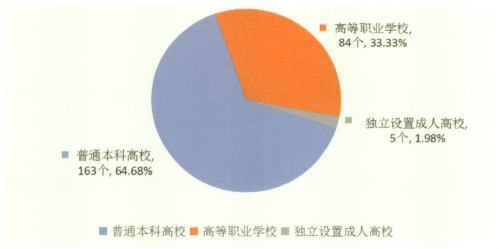

▲图 2-5　2021 年不同类型高校撤销高等学历继续教育专业点情况
数据来源：湖南省高等继续教育发展年度报告数据采集系统

2.3　专业质量建设

2.3.1　优化专业人才培养方案

2021 年，湖南省强化高等学历继续教育专业人才培养方案检查与评估，完善专业检查评估指标体系，组织评审专家采用网上评审与线下评审相结合的方式，对全省各高校提交的 1743 个拟招生专业进行检查和评价，其中评定合格专业有 1685 个，基本合格专业有 30 个，不合格专业有 28 个。同时，湖南省坚持以拟招生专业人才培养方案检查为抓手，强化专业设置规范管理，引导高校主动适应产业转型升级和经济社会发展需要，对标本专科教学质量标准，科学编制专业人才培养方案，不断提升专业建设质量。

案例 2-2　修订人才培养方案，不断提升专业建设质量

湖南城市学院围绕"应用型"人才培养目标，科学编制专业人才培养方案。一是成立由专家、教科研人员、一线教师和毕业生代表组成的专业建设委员会，指导修订各专业人才培养方案。二是广泛开展市场调研与分析，准确定位专业人才培养目标与培养规格，规范修订专业人才培养方案，满足社会对技能型人才的需求。三是优化课程体系，合理设置专业学位课程和专业选修课程，实现理论教学与实践教学的有效融合，强化教学过程管理，严把教学质量关。四是创新教育教学模式，综合采用面授与自学相结合的教学方式，有效探索案例教学、多媒体教学、小组讨论、专题研究等多种教学方法，不断加强专业基础课和专业核心课程建设。

湖南生物机电职业技术学院依托二级学院及各专业教师队伍，修订专业人才培养方案。一是遵循成人教育教学规律，落实立德树人根本任务，将思想政治教育、职业道德和工匠精神培育融入教育教学全过程，处理好公共基础课程教学与专业课程教学、理论教学与实践教学的关系，促进学生德技并修、全面发展。二是坚持标准引领、特色发展原则，对标专业建设标准，对接行业职业要求，发挥学校专业师资、课程、实训场所等资源优势，合理设置理论课程与实训课程，建设教学资源，提高人才培养质量，服务地方和行业发展需求。三是发挥产教融合、校企合作平台作用，邀请行业企业参与专业人才培养方案的修订工作，及时将新知识、新技术、新工艺、新规范纳入课程教学内容。

2.3.2 强化专业建设保障措施

2021 年，湖南省各高校加快推进高等继续教育改革发展，多措并举加强专业质量建设，不断塑造高等学历继续教育优质品牌。一是不断完善课程体系。湖南省高等学历继续教育突出应用型人才培养定位，根据行业和社会需要，修改课程教学大纲，增加应用型课程、技术型课程比例，开足思政课程和落实课程思政，规范教材征订和使用管理，夯实专业建设基础。二是持续加强师资队伍建设。湖南省各高校着力构建以校内教师为主、校外教师为辅，结构合理、专兼结合、动态调整的授课教师师资库，并逐渐完善授课教师职称、学历比例结构。三是切实健全资源共建共享机制。不断增加经费支出，完备教学场所、仪器设备、图书资料、实习实训等办学条件，满足专业核心课程线下授课需求。四是有效提升信息化建设水平。加强在线学习平台和学习资源建设，优化 PC 端和手机客户端应用，提供多样化学习支持服务，满足各类继续教育对象多元化学习需求，实现"人人皆学、时时可学、处处能学"。

案例 2-3   探索课程建设模式，提升成人教育教学质量

湖南应用技术学院聚焦应用型人才培养目标，不断强化课程建设，夯实专业建设质量。坚持"一个调整、三个统筹"，即调整课内课时总量与结构；统筹第一课堂和第二课堂，统筹理论教学与实践教学，统筹显性课程与隐性课程。主动适应成人教育特点，科学调整课程大纲，做到"三减三增"，即减少线上教学讲授时间、增加线下面授时间，减少教师理论讲授教学方式、增加学生自主研究学习形式，减少理论讲授内容、增加实践教学内容，切实将应用型人才培养融入教育教学各个环节，渗透于人才培养的全过程。

3. 人才培养

3.1 高等学历继续教育

3.1.1 总体规模持续增长

2021 年，教育部印发了高等学历继续教育广告发布管理、现代远程教育（网络教育）试点总结性评估、高等学历继续教育专业设置与管理等系列政策文件，进一步规范高等学历继续教育健康发展。这也成为很多不法分子在招生宣传中营造紧迫氛围的理由，而湖南省高等学历继续教育在举办高校数量和招生专业均减少的情况下，招生人数仍有小幅度增长，共计 36.16 万人。（见图 3-1）在校生规模再创新高，达到 82.06 万人，较上一年增加了 4.73 万人。

▲图 3-1　2019—2021 年不同类型高校招生总人数对比情况
数据来源：湖南省高等继续教育发展年度报告数据采集系统

从举办高校类型来看，普通本科高校仍是高等学历继续教育的办学主力，在校生人数 46.17 万人，占比 56.27%；其次是独立设置成人高校，在校生人数 25.42 万人，占比 30.98%；高等职业学校在校生人数最少，仅 10.47 万人。（见图 3-2）

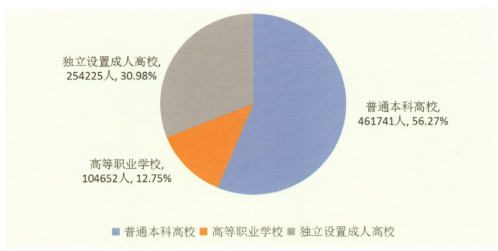

▲图 3-2　2021 年不同类型高校在校生人数分布情况
　　数据来源：湖南省高等继续教育发展年度报告数据采集系统

　　与上一年相比，高等职业学校和独立设置成人高校在校生人数不同程度增加，而普通本科高校在校生人数则略有下降。（见图 3-3）

▲图 3-3　2021 年不同类型高校在校生人数较上一年增减情况
　　数据来源：湖南省高等继续教育发展年度报告数据采集系统

从教育类型来看，现代远程教育已于上一年度停止招生，主办高校需重点做好在校生的教学管理与服务，大力推进毕业工作，在校生规模仅余 0.71 万人，较上一年减少了 67.43%。开放教育在校生人数 20.01 万人，较上一年略有减少。成人教育是高等学历继续教育的主要教育类型，且是在校生规模唯一增长的教育类型，在校生人数 61.34 万人，较上一年度增加了 11.73%。在成人教育类型中，函授在校生人数最多，共计 40.74 万人，占 66.42%；其次是业余，共计 16.70 万人，占 27.23%；脱产人数最少，仅 3.90 万人。三种办学形式的在校生人数具有不同程度增加，但是脱产人数增长了 1.35 倍，业余增长了 21.63%，函授反而增幅最小，仅 3.1%。（见表 3-1）

表 3-1　2020—2021 年不同教育类型在校生人数统计表　　　　（数量：万人）

年度	现代远程教育	开放教育	成人教育			
			成人教育总数	函授	业余	脱产
2020 年	2.18	20.2	54.90	39.52	13.73	1.66
2021 年	0.71	20.01	61.34	40.74	16.70	3.90

数据来源：湖南省高等继续教育发展年度报告数据采集系统

从教育层次分析，"高起专"在校生人数最多，共计 45.95 万人，占比 55.99%，但增幅相对较小，仅上涨 3.82%。"专升本"人数次之，共计 30.95 万人，占比 37.71%，但生源充足，在校生人数较上一年增长了 10.34%。"高起本"人数最少，仅 5.17 万人，同时也是增幅最少的群体，在校生人数较上一年增长了 2.67%。（见图 3-4）

3.1.2　毕业生规模与质量有待提升

2021 年，湖南省高等学历继续教育毕业生人数共计 28.77 万人，占在校生人数的 35.06%。普通高校本科毕业生人数最多，占比高于平均线近 10 个百分点；高等职业学校和独立设置成人高校毕业生人数占比均低于平均线。（见图 3-5）

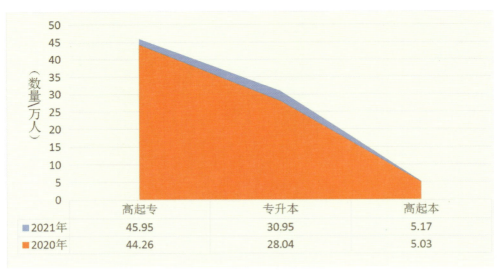

▲图 3-4　2020—2021 年不同学历层次在校生人数统计表
　　数据来源：湖南省高等继续教育发展年度报告数据采集系统

▲图 3-5　2021 年不同类型高校毕业生人数分布情况
　　数据来源：湖南省高等继续教育发展年度报告数据采集系统

从教育层次来看，"高起专"毕业生人数最多，共计16.23万人，占在校生人数的35.31%；"专升本"毕业人数居其次，共计12.22万人，但占在校生人数的比例高达39.50%；"高起本"毕业生人数最少，约0.33万人，占比6.3%。（见图3-6）

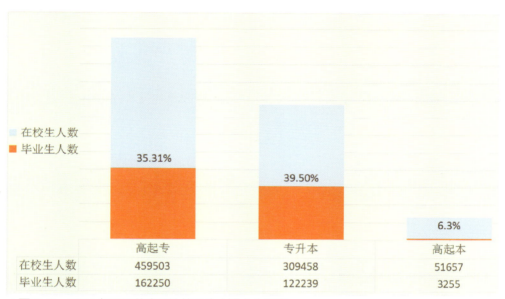

▲图3-6　2021年不同教育层次毕业生人数分布情况
　　数据来源：湖南省高等继续教育发展年度报告数据采集系统

2021年，湖南省高校学历继续教育本科毕业生12.55万人，授予学士学位的毕业生仅5921人，仅为本科毕业生的4.72%。

3.1.3　生源结构科学合理

湖南省高等学历继续教育在校生中，26～35岁的在校生最多，共计32.75万人，占比39.91%；18～25岁的在校学生数略少于26～35岁在校生人数，共计32.06万人，占比39.07%；35岁以上成人选择继续读书的越来越多，在校生人数16.03万人，占比19.53%。（见图3-7）

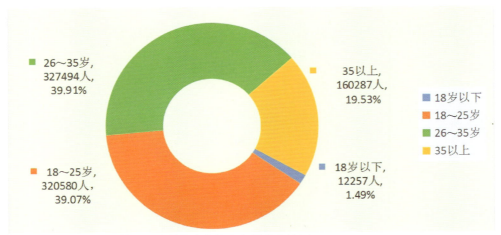

▲图 3-7　2021年高等学历继续教育在校生年龄分布情况
数据来源：湖南省高等继续教育发展年度报告数据采集系统

从性别结构看，在校学生男女基本平衡，其中女生共计 47.92 万人，占比略高于男生。（见图 3-8）

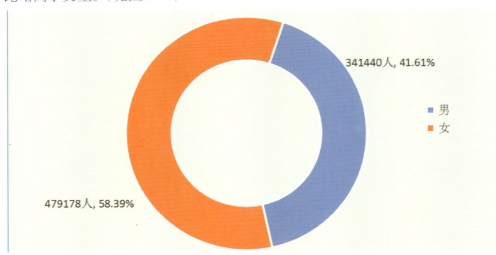

▲图 3-8　2021年高等学历继续教育在校生性别分布情况
数据来源：湖南省高等继续教育发展年度报告数据采集系统

从民族结构看，在校学生中汉族人数最多，超过九成。少数民族中，土家族、苗族在校生超过万人，侗族、瑶族、壮族、维吾尔族等 9 个民族的在校生人数超千人。湖南省高等学历继续教育在服务少数民族地区教育事业发展、实现教育公平等方面，发挥了重要作用。（见图 3-9）

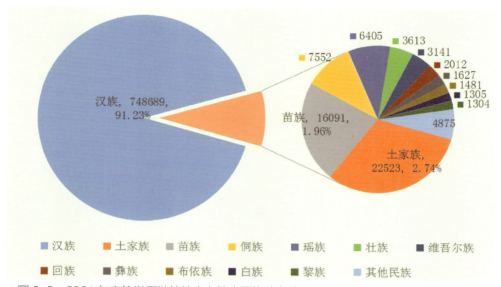

▲图 3-9　2021 年高等学历继续教育在校生民族分布情况
　　数据来源：湖南省高等继续教育发展年度报告数据采集系统

　　从生源地结构看，在校生来自全国 30 多个省市自治区，其中以湖南籍学生为主，共计 67.07 万人，占比为 81.73%。其他省份学生千人以上有 18 个省市自治区，学生人数最多的 5 个省份分别是广东、山西、贵州、云南、山东。（见图 3-10）

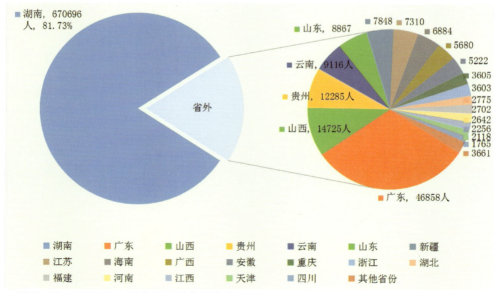

▲图 3-10　2021 年在校生生源地分布情况
　　数据来源：湖南省高等继续教育发展年度报告数据采集系统

从职业构成看，在校生中各职业的分布情况基本与上年度一致。其中，乡村振兴对农村各类人才的需求巨大，以及湖南农民大学生品牌影响力不断扩大，"农、林、牧、渔、水利业生产人员"人数较上一年增加了 2.66 万人，而在高等职业教育持续扩招的背景下，"待业人员""军人"的人数比重分别下降 2.6%、0.76%。（见图 3-11）

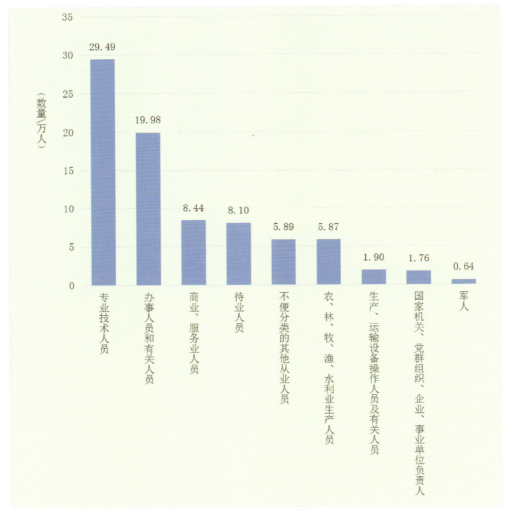

▲图 3-11　2021 年高等学历继续教育在校生职业构成情况

数据来源：湖南省高等继续教育发展年度报告数据采集系统

3.1.4 不断深化人才培养模式改革

湖南省高等学历继续教育坚持"以质图强",以提升人才培养质量为目标,以人才培养方案编制为抓手,优化课程设置,提升教材质量,创新教学模式,强化教学过程的组织实施。一是优化课程设置。湖南省各高校主动适应成人学习的需求和特点,建立"六位一体"课程体系,科学开设公共基础课程(包括思政课)、专业基础课程、专业核心课程、专业拓展课程、综合实践课程、选修课程等六大部分,将科学文化、人文素养、职业道德、创业意识、创新精神、劳模精神融入人才培养全过程。二是稳步提升教材选用质量。湖南省对 80 余所高校进行了湖南省继续教育教材建设及使用情况调研,指导有关高校全面贯彻党的教育方针,全力推进习近平新时代中国特色社会主义思想进教材、进课堂;严格教材审核选用,规范教材编写出版程序,丰富优质教材资源供给。三是创新教学模式。发挥信息技术优势,探索"面授教学 + 网络教学 + 学生自学 + 集中辅导 + 实习实践"混合式教学模式,从根本上解决成人学生"工学矛盾"问题,提高其学习积极性和主动性。

案例 3-1 探索教育教学模式改革,不断提高人才培养质量

2021 年,湖南医药学院完成了 11 个高等学历继续教育专业人才培养方案的修订和高等学历继续教育 367 门课程教学任务下达和教学安排,规范学历继续教育专业建设。该校积极完成学历继续教育线上、线下教学督导,"系统解剖学""中国近代史"和"天然药物化学"三门网络课程的录制及健康管理师和生殖健康师题库建设;依照常态化疫情防控新形势,主动创新教育教学形式,采用"线下 + 线上直播"教学方式完成各专业 8 门核心课程的面授教学。

湖南生物机电职业技术学院首创了"政校企"三方协同的农民学历提升办学模式。政校企合作,建立面向一县招生的高素质农民田间学校，县市农业农村局组织招生审核，企业建立田间学校集中教学，学校制定方案实施教学，形成三分之一线上教学、三分之一线下教学、三分之一入户指导格局。该模式已在溆浦县率先实施，育人成效显著。

3.2 非学历教育

3.2.1 总体规模大幅增长

2021年，随着疫情防控形势逐渐向好，复工复学有序推进。省内高校逐渐恢复非学历教育培训，举办高校增加至93所，开展了2316项培训，开办培训班9106班次，培训学员181.06万人次。培训项目较上一年度增加了81.93%，逐渐恢复到疫情发生前水平；培训班次虽有减少，但培训学员增加了1.46倍。（见图3-12）

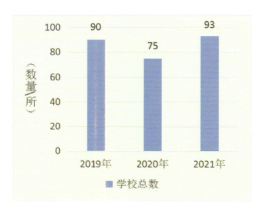

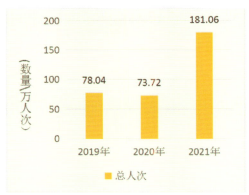

▲图 3-12　2019—2021 年全省高校举办非学历教育情况
　　　数据来源：湖南省高等继续教育发展年度报告数据采集系统

3.2.2　在线培训爆发式增长

　　从非学历教育的培训模式来看，面授仍为非学历教育最常用的教育形式，面授项目 2008 项，占比 86.70%。在线教育形式由于不受场地、师资等教学资源的限制，培训项目虽仅有 159 项，占比 6.87%，但培训人数 105.85 万人，是面授培训人数的 1.72 倍。与上一年相比，面授、在线、混合式三种培训方式的项目数和培训人数均有大幅增加，其中在线培训项目数和培训人数呈现爆发式增长，培训项目数增加了 1.89 倍，培训人数增加了 2.33 倍；此外，混合式培训人数也增加了 2.21 倍，大大满足了社会对培训的需求。（见图 3-13）

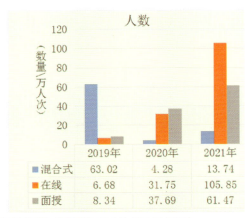

▲图 3-13　2019—2021 年全省非学历教育不同培训模式项目数和人次的对比情况
　　　数据来源：湖南省高等继续教育发展年度报告数据采集系统

3.2.3 学习技术技能和理论知识的需求最大

2021 年，湖南省高校非学历教育培训对象主要是两类人群：一是面向专于本职或有创业、择业、转岗需求的在职从业人员，以及失业人员、就业困难人员等，开展相应的岗位能力和职业技能培训，提升其就业能力、岗位适应能力、创新能力等，这类型的培训主要能够满足提升技术技能、增强理论知识的需求。二是面向各类社会成员开展形式多样的道德规范、文明生活、文化休闲和健康教育等社会生活教育，服务于全民终身学习和学习型社会的建设，这类型培训侧重于理论知识的讲授。全省各高校开展技术技能培训项目 864 项，培训 42.86 万人次，分别占 37.31%、23.67%；理论知识培训项目 717 项，培训 76.50 万人次，分别占 30.96%、42.25%。（见图 3-14）

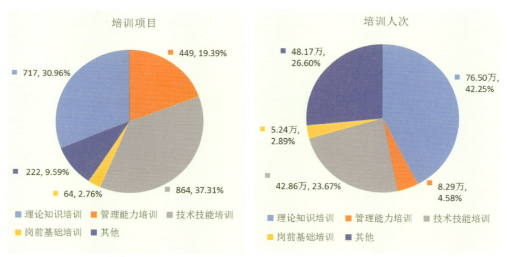

▲图 3-14　2021 年全省非学历教育不同培训内容对比情况

数据来源：湖南省高等继续教育发展年度报告数据采集系统

3.2.4 非学历教育培训行业覆盖广

湖南省高校非学历教育覆盖的行业范围广，包含教育业、建筑业、金融业、制造业、农林牧渔业、卫生和社会工作等 20 多个行业。其中，"公共管理、社会保障和社会组织"培训人数最多，超过四成;"教育业"次之，占两成;"制造业""卫生和社会工作""交通运输、仓储和邮政业""金融业"也是占比较高的行业。(见图 3-15)办班形式多样，有自办班、委托办班、合作办班等多种办班形式，培训灵活性、便捷性强，有效满足了不同社会群体对职业能力提升的要求。

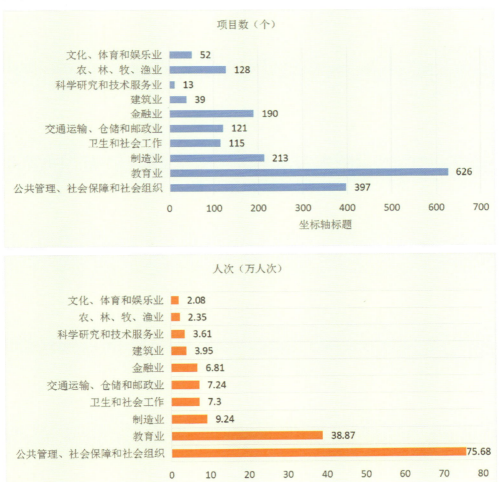

▲图 3-15 2021 年全省非学历教育部分行业培训项目数和培训人次情况
  数据来源:湖南省高等继续教育发展年度报告数据采集系统

2021 年，湖南省高校非学历教育培训对象主要是"专业技术人员""党政管理人员""高校学生""企事业管理人员"等人群。（见图 3-16）非学历教育培训提升了学习者的专业技能和理论素养，有力推进了区域经济发展和行业转型升级。

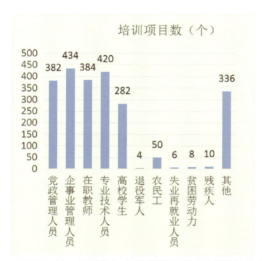
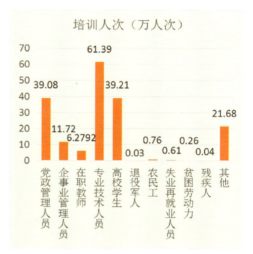

▲图 3-16　2021 年全省非学历教育不同培训对象的分布情况
数据来源：湖南省高等继续教育发展年度报告数据采集系统

案例 3-2　"众筹"理念贯穿工作坊研修全过程

基于培训定位和学员实际情况，湖南科技大学在培训项目实施过程中，将"众筹"理念运用到研修活动的各个环节，以此激发学员的研修热情。

"众筹"理念下的工作坊研修，就是指在研修的过程中，项目组通过研修平台向学员筹资源、筹智慧、筹时间，在工作坊内部实现资源共创、共生、共享的一种研修方式。这种研修更强调教师的参与，尊重每位教师的经验和感受，充分激发教师的主体参与意识，使教师在培训中不再是"听众"，而成为"研讨者"和"分享者"。这样的研修方式，更能够挖掘团队的潜力，构建起学习共同体，在提高培训效率的同时，促使参训教师深入思考问题，促进了研修成果的多样化和深度化。坊主团队通过工作坊构建教师学习共同体，将学习者在教育教学实践中得到的经验、智慧汇聚起来，与课程专家的理论融合，在研修活动中形成研修成果。

3.3 人才培养中的思政教育

3.3.1 党建引领高等继续教育高质量发展

湖南省高校坚持以习近平新时代中国特色社会主义思想为指导，全面贯彻党的教育方针，坚持社会主义办学方向，以党建工作为统揽，落实立德树人根本任务，引领高等继续教育高质量发展。

一是以党建警醒使命，保持立德树人定力。用党建警醒办学初心，坚守高等继续教育"为党育人、为国育才"使命，以强有力的思想政治工作保证育人育才不偏向、不走样。面对日益激烈、无序竞争的市场冲击，湖南省高等继续教育举办高校坚决规范办学,向恶性竞争、违规招生等不良行为说"不",不随波逐流、不唯利是图、不见利忘义，始终保持育人定力，坚守办学底线。很多高校将高等继续教育与助学扶贫、结对帮扶、抗击疫情等公益活动、志愿者活动结合，充分展现了高等继续教育立德树人的办学初心。

二是以党建凝聚人心，培植继续教育师生动力。2021 年是中国共产党建党 100 周年，为深入学习贯彻落实习近平总书记在党史学习教育动员会上的重要讲话精神，增强"四个意识"，坚定"四个自信"，做到"两个维护"，用党建凝聚人心，各举办高校开展了丰富多彩的活动，如承办各行业党员、领导干部党史学习教育专题培训班，承办党务骨干示范培训班、党支部书记示范培训班，召开党史学习教育大会，开展"党史故事我来讲""用心讲述好故事""立标杆、树典型、学先进"等活动，组织党员师生到韶山、花明楼、汝城"半床被子"发生地等红色革命教育基地研学等，促使继续教育师生提高政治站位，坚定"知史爱党、知史爱国"的理想信念，激发使命担当。

三是以党建引领创新，激发办学育人活力。湖南省高等继续教育举办高校坚持党建引领守正创新，对招生、教学、培训、考试、管理等进行全方位管控和全过程规范。开展"党建领路，党员领跑"教务教学、招生"PK"活动，激励教职员工团队对标对表学先进、比学赶超创一流。优化教培体系，以教学促招生。严格教学过程管理，强化学生的实习、实训、实践能力提升，以品牌开拓生源。强有力的党建为高等继续教育打造了一支政治坚定、技术过硬、本领高强的继续教育职业队伍，守住了立德树人的办学初心，经受住了成人教育的市场化冲击，维护了湖南省高等继续教育规范办学的社会形象，促进了高等继续教育良性、有序、健康发展。

3.3.2　课程思政和思政课程合力构建大思政格局

2021 年，湖南省各高校切实加强课程思政工作，将课程思政理念融入高等学历继续教育人才培养方案中，按照全员参与、全时贯穿、全域协同的育人机制，实现全课程、全方位、全覆盖，达到润物无声的育人效果。以"课堂教学为路径、隐性教育为手段"，教师深入挖掘课程、实践、教材中蕴含的思想政治教育资源和教学元素，将红色精神、工匠精神等课程思政元素融入专业课教学中，使"知识传授、技能提升、思政育人"紧密结合，形成思政课程与课程思政同向同行、共同发力的大思政格局。与此同时，全省各高校严格按要求开齐开足思政课程，共计 1429 门，较上一年增加了 221 门，增幅18.29%。创新思政课程授课形式，采取面授课程、在线直播课程、在线网络课程、混合式课程等，其中又以在线网络课程和面授课程为主。（图 3-17）全省各高校举办非学历教育培训项目，科学设置思政类课程、党性教育课程、红色主题教育实践课程或社会考察活动，提高培训学员的思想觉悟和理论水平。

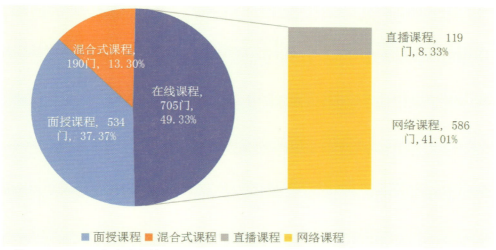

▲图 3-17 2021 年全省高等学历继续教育思政课程建设情况

数据来源：湖南省高等继续教育发展年度报告数据采集

3.3.3 思政师资队伍逐步成型

2021 年，湖南省各高校将马克思主义学院或思想政治课教学部的优秀教师纳入高等继续教育思政教育师资库，建立一支学历结构、职称结构、年龄结构相对合理且教学水平较高、科研能力较强的专兼职思政教师队伍。面授教师共 1901 人，较上一年增加了 150 人，增长 8.57%。思政师资结构合理，其中正高职称教师占 15.73%，副高职称教师占 34.09%，中级及以下职称教师占 50.18%，形成了副高以上职称教师为骨干，中级职称为主体的思政教师队伍。（见图 3-18）

3.3.4 校园文化建设提升文化育人功效

湖南省各高校高度重视校园文化建设，通过开展形式多样、健康向上、格调高雅的校园文化活动，丰富学生的业余文化生活。比如开展党史学习教育活动、常态化防疫活动等，利用开学典礼、毕业典礼、学位授予和优秀师生表彰等重大典礼活动，激励学生树立自信、珍视荣誉，加深对学校的归属感和厚植爱校荣校情怀。据不完全统计，全省各高校共开展服务高等继续教

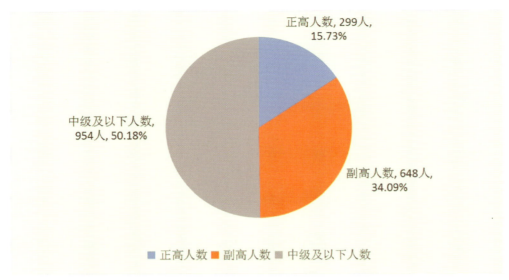

▲图 3-18　2021 年全省高等学历继续教育思政教师队伍构成情况
数据来源：湖南省高等继续教育发展年度报告数据采集

育学生的校园文化活动数量达 1713 项。

充分发挥校园宣传媒体的主阵地作用。运用学校官网、官方微信、官方微博、官方抖音、QQ 群等宣传平台，宣传报道学校高等继续教育的特色和亮点，塑造继续教育品牌形象。搭建师生互动的"微平台"，强化网络思想政治教育，构建良好网络育人环境，推动思想道德建设类活动常态化。

多所高校成立继续教育校友分会，做好校友分会拓展工作，加强与校友的联系互动，积极营造"母校关怀校友，校友热爱母校，相互支持，共同发展"的校友文化氛围。

案例 3-3　打造特色校园文化教育基地，切实发挥文化育人功能

吉首大学为深入推进习近平新时代中国特色社会主义思想进教材、进课堂、进头脑，打造了"吉首大学思想政治教育园"，让环境说话，营造思政教育的浓厚氛围，在校内外引起了很大反响。此外，

学校打造了富有特色的"湘西民族文化博览园",建有黄永玉艺术博物馆、沈从文纪念馆等六大文化场馆,这些特色文化场馆潜移默化影响着来校求学的莘莘学子。

南华大学整合"核特色、医品牌"等办学特色资源,建有王淦昌铜像广场、张爱萍铜像广场、放飞广场、校史陈列馆等国防科技工业军工文化教育基地和医卫文化教育基地,并利用学校特色文化资源对学生进行艰苦奋斗、无私奉献等精神教育,开展基于"明德、博学、求是、致远"的校训和"勤勉务实、甘于奉献、刚健自强、敢为人先"的南华精神的校园文化教育。

3.4　学生学习效果

3.4.1　教育教学获学生高度评价

湖南省高等继续教育坚持以学生(学员)为中心,全力服务学生(学员)成长成才,特别在服务学生(学员)学习、解决工学矛盾和提供个性化服务、解决学生(学员)诉求等方面,得到学生们的一致好评。在全省各校满意度测评中,学历继续教育学生普遍反映"教学大纲编制科学""教学安排合理""课程设计务实""教学管理严谨""教学手段多元化""教学水平高质量""学生能较好地完成各学习环节""学习效果明显""掌握了较扎实的理论基础知识""专业技能和实践能力也明显提升"。但是,也有部分学生反映学校提供的精品课程视频课件等网络在线学习资源不够丰富,学校网络教学平台建设有待加强,在线学习视听资源无法满足多样性需求。全省各高校非学历教育培训班学员对培训项目平均满意率超 92%，对培训安排、培训内容、授课教师、授课形式等方面都给予了很高评价，也对培训食宿条件提出了合理性建议。

案例 3-4 引入信息化评价体系，完善学生满意度测评机制

湖南理工学院高度重视继续教育学生满意度评价。2021 年开始在学历继续教育与非学历教育中引入"信息化培训管理服务平台"和"信息化评价体系"，提升学生满意度评价和数据分析应用的科学性、实效性。坚持对课堂教学质量进行评价，课程结束后，学生（学员）从教学态度、教学内容、教学方法、教学效果、教学技巧等多方面对课堂教学质量进行评价。结果显示学历教育教学大纲编制科学，非学历教育培训的教学内容设计合理，学员对教学质量的满意度较高。在信息化培训管理平台的教学评估中，培训学员匿名评价整体满意度在 96% 以上，学历教育网络教学平台测评学员满意度高达 94%。

3.4.2 社会及用人单位充分肯定

2021 年，全省 83 所高校通过座谈会、调查问卷、电话访问、网络调查、走访校友、校企合作调研等多种形式对毕业生所在单位进行访谈，就毕业生知识水平、工作能力、管理能力、岗位能力、职业道德等方面进行调研研究。用人单位普遍反映湖南省高等继续教育和现实工作结合紧密，人才培养目标定位准确，行业服务针对性强，办学规范，管理严格。大部分毕业生在接受继续教育后，在职业道德、敬业精神、创新能力、专业理论知识水平、专业技能等综合素质方面有一定程度提高，很多成为了基层单位的业务骨干和技术能手。用人单位对学校平均满意度近 96%，对毕业生平均满意度近 93%。（见图 3-19）部分用人单位对高等继续教育的专业设置、课程设置、人才培养等方面工作提出了宝贵意见和建议。

用人单位对毕业生平均满意度 〉 93%

用人单位对学校平均满意度 〉 96%

▲图 3-19 用人单位测评满意度情况

数据来源：湖南省高等继续教育发展年度报告数据采集系统

案例 3-5 多渠道了解用人单位对毕业生的评价

长沙职业技术学院为全面了解 2021 届高等学历继续教育毕业生就业情况，收集、掌握用人单位的意见和建议，学校就适应能力、自主学习能力、专业知识与技能、团队合作精神、执行力等 16 个方面向用人单位发放满意度问卷调查 200 份。调查结果表明，企业对录用毕业生满意度达到 96%。

湖南艺术职院通过走访调研、电话回访用人单位等方式，全面掌握用人单位对该校继续教育毕业生的客观评价。据统计分析，学院品牌认可度和满意度总体评价良好，用人单位对学生专业能力、个人品德等综合素质培养效果总体评价良好，特别是音乐表演、舞蹈表演等特色专业涌现出一批得到社会和用人单位好评的优秀毕业生。

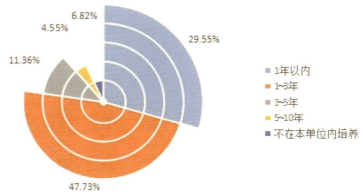

▲图 3-20 用人单位对毕业生晋升能力的评价

3.4.3　学生取得骄人成绩

广大毕业生在各行各业工作岗位上勤奋工作，很多成长为各领域的中坚骨干力量，并创造出优秀成绩，为社会和经济发展做出了突出贡献。有些毕业生在各级政府部门和企事业单位担任了领导职务；有些毕业生成长为技术骨干、管理精英、国企老总；有些毕业生成功自主创业，成为资产雄厚的民营企业负责人；有些毕业生继续进修学习，考取了硕士研究生，甚至博士研究生，在科研院所工作。他们凭借自己的辛勤努力和出色的工作业绩受到上级主管部门、社会各界的充分肯定和高度评价。

案例 3-5　优秀毕业生取得骄人成绩，为母校增光添彩

中南大学现代远程教育毕业生中有 2 人在全民抗击疫情战役中，被评为全国卫生健康系统疫情防控工作先进个人，还有多人受到省部级表彰。湖南科技大学毕业生石灵芝是湘潭金庭学校校长，是全国模范教师、国家级教学名师、湖南省特级教师，2021 年被评为"湖南省教书育人楷模"。长沙理工大学毕业生蒋应成在第四十四届世界技能大赛汽车喷漆项目中斩获冠军。湖南师范大学毕业生郭超被评为"全国幼儿园优秀园长"。湖南工程学院毕业生李明权被评为"全国劳动模范"。湖南航空工业职工工学院毕业生邓元山是全国技术能手、湖南省技能大师、南方公司首席专家，享受国务院政府特殊津贴等。长沙教育学院 2021 届毕业生余小龙身残志坚，率领团队获得农业、科技、电商、教育等领域奖项及荣誉近 30 项，其中荣获省级前三名次 4 次、国家级前三名次 5 次，以及 2021 年代表学校参加第七届中国国际"互联网＋"大学生创新创业大赛获省赛一等奖、国赛银奖。

4. 质量保证

4.1 制度建设

4.1.1 扎实开展多层次多维度自查整改工作

湖南省认真贯彻落实教育部《关于加强高等学历继续教育广告发布管理的通知》《普通高等学校举办非学历教育管理规定（试行）》等多个文件精神，以规范高等继续教育办学为抓手，在高等学历继续教育广告发布、专业设置与管理、教材建设与管理、非学历教育管理等方面开展自查自纠与整改工作，严格落实有关要求。

案例 4-1　湖南省开展专题调研，全面摸清高等继续教育教材建设情况

湖南省教育厅组织省教育考试院和全省 80 所高校，开展了高等继续教育教材建设情况的专项调研。调查发现全省各高校学历继续教育教材坚持学生自愿选购原则，充分发挥现代信息技术优势，积极探索线上教学，利用网络教学资源保障教学内容的完整性。在学历继续教育开设的 26787 门课程中，指定教材课程数 11384 门，占开设总课程数的 42.5%，全省学生购买教材的平均比例约为 63.5%。高等教育自学考试教材本科专业开课 751 门，使用全国指定教材的课程 229 门，使用自选教材的课程 522 门；专科专业开课的课程 210 门，使用全国指定教材的课程 110 门，使用自选教材的课程 100 门，均由学生自愿购买。

全省各高校学历继续教育教材严格按照教育部有关学历继续教育教学质量不低于全日制教育教学质量的要求，大部分采用全日制教育专业教材，少量采用高校自建教材。全省学历继续教育共 14721 门课程使用教材，其中非自建教材 14584 本，占总数的99.1%；自建教材 137 本，仅占总数的 0.9%。非学历教育按照行业企业培养需求定制教学内容，因培训周期短，主要以教学课件替代教材，只有少数专业培训课程使用教材。全省非学历教育教材建设共有 382 本，其中非自建教材 319 本，占总数的 83.5%；自建教材 63 本，占总数的 16.5%。

4.1.2　不断强化制度体系建设

全省各高校积极行动，对标教育部文件精神，不断健全高等继续教育管理制度，树立责任意识、质量意识和品牌意识，提升高等继续教育治理能力，规范高等继续教育办学行为。2021 年全省共有 59 所高校依据教育部最新文件精神，制定或修订相关规章制度，完善校本级继续教育制度体系，规范过程管理，狠抓落实执行，做到有章可循、有规可依。

案例 4-2　完善制度建设，不断加强教学过程精细化管理

湖南信息学院以新阶段、新理念、新格局确立学校发展新方位、新任务、新坐标，聚力增强办学优势和特色，深化继续教育改革创新。坚持以学生为本、以服务社会为宗旨，以制度建设为抓手，不断强化规范管理，注重内涵建设，全面提高继续教育教学工作水平，推动区域学习化社会建设。该校结合工作实际，修订了《湖南信息学院成人高等教育学学籍管理规定》《湖南信息学院成人高等教育函授站管理办法》《湖南信息学院成人高等教育本科学士学位授予暂行规定》等多项规章制度。以制度建设为依托，优化教育教学精细化管理新机制。一是建立校点上下联动机制。学校根据专业人才培养方案向校外教学点下达教学任务，由校外教学点的专职教学管理人员组织和管理教学过程。二是健全"面授＋线上"混合教学模式，通过"面授＋线上"的方式，引导学生完成课程学习、释疑、作业和考试等环节。三是定期组织教学检查和教学评估。学校加强监督检查，不断强化对教学过程和各教学环节的监管，确保教学质量。

4.2 师资保障

4.2.1 学历继续教育师资队伍结构合理

全省各高校重视继续教育师资队伍建设，通过共享校内专职教师、选聘行业企业兼职教师、招聘社会优秀辅导教师与管理人员等途径，建立了一支校内外联动、专兼结合、结构合理、规模适配的师资队伍。与此同时，各高校多措并举推进校外教学站点师资队伍建设，实施校外教学站点辅导教师与管理人员的认定工作，定期开展师德师风教育与业务培训，有效保证教学质量。2021 年，全省各高校聘任专兼职教师 19711 人，其中授课教师 15746 人、辅导员教师 2292 人、管理人员 1673 人，具有副高职称以上的授课教师 8799 人，占比 44.64%；全省各高等继续教育校外教学站点聘请辅导员教师与管理人员 30389 人，其中辅导员教师 8719 人、管理人员 7458 人，具有副高职称以上的授课教师 2010 人，占比 23.05%。（见图 4-1）

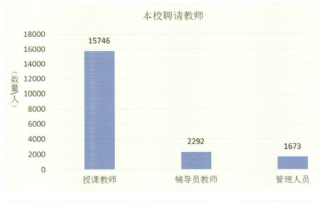

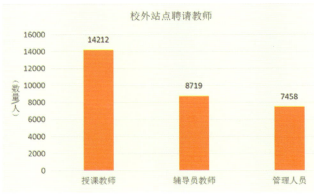

▲图 4-1 2021 年全省高等学历继续教育师资保障情况

数据来源：湖南省高等继续教育发展年度报告数据采集系统

案例 4-3　搭建"五共"平台，激发"校点"教师队伍活力

湖南中医药大学以"校点"支部共建为载体，搭建"五共"平台，充分发挥学校继续教育学院、校外教学点党员教师的先锋模范作用。一是组织共建。定期交流党建工作经验，共享党建工作资源，架起院长与站长、支部书记与党员干部、教师与学生之间的"连心桥"。二是队伍共管。利用共建支部党员微信群开展理论学习，画实校、点两级教师队伍建设的"同心圆"。三是人才共育。开展调查研究与走访，并及时总结有益经验，当好校外教学点科学发展的"智囊团"。四是困难共帮。开展结对帮扶活动，设身处地为校外教学点支部困难职工排忧解难，点燃为群众办实事的"助推器"。五是资源共享。协助结对校外教学点支部提高党组织工作的制度化、规范化、科学化水平，扩大党建工作的"朋友圈"。

近两年，该校继续教育学院 4 人获校级表彰，1 人获岳阳市人民政府嘉奖；结对校外教学点支部获评长沙市高等学校函授教育协会优秀函授站，连续两年获长沙市成人高考报名确认点先进单位，1 人获评岳麓区优秀共产党员，1 人获评长沙市教育局优秀共产党员。结对支部的学员对该校继续教育满意度高，线上线下到课率均在 85% 以上。把党支部建在校外教学点上，将基层党建工作与教育教学工作紧密结合的经验做法，既为两级基层党组织注入了新鲜血液和活力，也为成人高等教育高质量发展提供了坚强的政治保证。

4.2.2　非学历教育师资队伍建设规范有序

全省各高校根据《普通高等学校举办非学历教育管理规定（试行）》文件要求，加强非学历教育师资队伍建设，设定授课教师准入条件，建立非学历教育师资库，遴选校内外教师参与非学历教育。2021 年，全省各高校非学历教育聘任专兼职教师 23508 人，其中校内专职教师 10848 人，校外授课教师 11591 人，管理人员 1069 人。（见图 4-2）

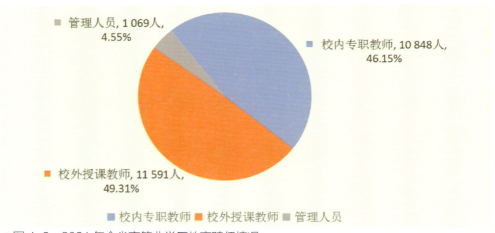

▲图 4-2　2021 年全省高等非学历教育聘任情况

数据来源：湖南省高等继续教育发展年度报告数据采集系统

案例 4-4　非学历教育培训赋能企业高质量发展

2020 年 9 月 17 日，习近平总书记在考察湖南大学时提出"经世致用"是湖湘文化的精髓。湖南大学工商管理学院与中联重科股份有限公司（简称"中联重科"）的长期合作很好地延续了经世致用的湖湘精神。从 2007 年至今，该校工商管理学院与中联重科共举办了 16 期管理人员研修班，包括 4 期营销 EDP 研修班（见图 4-3）、3 期联盟客户基业长青研修班、2 期营销经理及后备人才培训班等，为中联重科近年的快速发展提供了人力资源保障。

▲图 4-3　中联重科"战狼营"营销 EDP 研修班开班合影

在中联重科"智能制造，智慧制造"的战略背景下，湖南大学工商管理学院量身定制了数字化前沿理论与制造生产相结合的课程，精选领域优秀师资，不断创新培训模式。在每期培训班中，湖南大学工商管理学院和中联重科针对企业各类管理问题定制不同方向的研究课题。学员结合工作实际及课堂所学，在企业导师和校内导师的双重指导下，共同完成具有实践价值的课题，为企业决策提供了新的方法和思路（见图4-4）。多年的校企合作，为中联重科培养了800余名管理人才，50多人在学习之后职位得到晋升，其中王永祥从运营部总监升职为集团副总裁；多个课题为企业管理提供实际指导意义，其中"营销后市场的改革与创新培训"课题成为了公司第二年董事会一号提案。校企合作的深入开展也推动了学院商学平台的构建，在解决企业经营问题的同时，也有助于学院学科建设和人才培养。

▲图4-4 中联重科研修班学员课题汇报

4.3　资源建设

4.3.1　在线开放课程建设特色鲜明

湖南省教育厅持续推进省级精品在线开放课程建设，积极探索精品在线开放课程共建共享机制，扩大优质课程资源供给。全省各高校结合人才培养需求和专业学科特色，坚持服务于学生自主学习理念，通过自主开发、合作开发、委托开发和购买引进等多种方式，建设一批特色鲜明的在线开放课程。2021年，全省新增41个省级职业教育专业资源库建设项目，累计建有国家级教学资源库31个、国家级精品在线开放课程6门，省级精品在线开放课程595门、省职业教育示范性虚拟仿真实训基地建设单位15所和培育单位11所。各高校累计建有在线开放课程23215门，课程资源基本覆盖所有专业课程。（见图4-5）

▲图4-5　2021年全省高等继续教育在线开放课程情况

　数据来源：湖南省高等继续教育发展年度报告数据采集系统

案例4-5　省级精品在线开放课程线上免费服务社会

湖南化工职业技术学院省级精品在线开放课程"普通话训练与测试"在智慧树平台免费开放，共培训农民、企业员工、转业军人、大学生等社会学习者15.49万人，累计互动101.68万次，被评为智慧树平台十万金课。（见图4-6）

该课程特点突出，微课设计"短、小、精、悍"，即教学视频长度短，主题小，设计制作精良，基本功训练强劲。根据课程运行数据（见图4-7），该课程优势凸显。云端见面，因材施教。开设了两

▲图 4-6　在线开放课程"普通话训练与测试"平台开放情况

次线上见面课，讲授和练习相结合，实现双向互动，本着"因材施教"的理念，个性化教学，真正发挥"互联网 +"的优势。线上答疑，有的放矢。建立了合理有效的沟通机制，师生随时随地可以交流和讨论，学员在线学习课程更灵活、更自主、更高效。阶段测评，量化精准。设置了在线测评环节，教师可以全面监测学员的学习情况，纠正学员错误，促进知识的正迁移，提高学习效率，突破重点难点。

▲图 4-7　在线开放课程"普通话训练与测试"运行数据

学员通过线上课程，系统学习了普通话的基础理论和基本知识，掌握了普通话的发音要领，突破重难点音，普通话水平显著提高，进而助力直播带货，如为"农产品进城，工业品下乡"直播带货做出了较大贡献。该课程创新了"互联网+"社会人员职业能力培训模式，提升了职业能力培训质量。

4.3.2 继续教育与高等教育资源优化整合

全省各高校在政策引导下，统筹资源建设，兼顾继续教育与高等教育的教学需求，严格按照《关于加强高等学历继续教育教材建设与管理的通知》要求，推进继续教育与高等教育资源的优化整合，尤其在教材建设、图书资源、音视频资源等方面的内容更新，全省各高校根据成人学习者特点，坚持自建与引进相结合，实现资源建设逐年增长，满足了继续教育与非学历教育学员的学习需求。2021年，全省各高校购置电子图书41607.62万册、音视频5489095.81小时，但电子期刊量减少983.81万册。

案例4-6　推进课程资源建设，保障教育教学质量

长沙医学院成人高等教育以医学和医学技术类专业为主，为了更好满足成人学生的要求，及时了解当前科学技术，提升学生的岗位适应能力；学校按照现行人才培养方案及成人教育教学规律，采取面授和网课相结合的方式进行教学，针对每门课程设置一定比例网课课时。

为丰富成人教育网络课程资源，提高教育教学质量，为此，学校于2021年制定并出台《成人高等教育网络课程资源建设实施方案（试行）》，一次性引进弘成教育网络学习平台，组织本校教师进行成人高等教育网络课程资源建设。根据开课学年度顺序，充分利用学校师资、软硬件资源，分批建设成人教育网络课程资源。为保障课程资源建设质量，数次组织教师参加录课培训，录制符合成人教育实际的本校课程资源，并配备一定章节测试、教学文档供学生学习。课程录制参考国家 MOOC 技术标准，并组织专家对课程逐门验收，验收合格后方可发布供学生使用。二级学院教师可以通过网络学习平台安排、布置教学任务和作业以及答疑，强化成人教育过程的管理和监管，严把出口关。待完成成人高等教育课程资源建设后，基本可实现长沙医学院所有成人高等教育学生由长沙医学院本校教师授网课。成人网络课程资源的建设，丰富了该校成人教育教学内涵，壮大了成人教育教学管理的队伍，一定程度上克服了疫情下教育教学"工学矛盾"，保障了成人教育教学质量。

4.4　设施设备

4.4.1　学历继续教育设施设备不断完善

全省高校统筹学校设施设备，依托全日制教育办学设施设备举办学历继续教育，逐步实现同层次、同专业的学历继续教育与全日制教育设施设备共享。2021 年，全省高校高等继续教育专用和共享学校教室 14659 间，实训室和实习场所面积 80.23 万平方米，计算机 21.2 万台，固定资产总值约计 110.09 亿元，其中教室和计算机的数量占全日制教育相应资产比例均超过 36.5%，数量较 2020 年分别下降了 3.13% 和 5.74%；固定资产总值占比较 2020 年增长了 6%。（见表 4-1）

表 4-1 2021 年高等学历继续教育资产情况

年份	教室（间）	实训室、实训场所（万平方米）	固定资产投入（亿元）	计 算 机 数（万台）	教学用计算机（万台）
2020	15133	83.63	103.86	22.49	16.04
2021	14659	80.23	110.09	21.2	14.41

数据来源：湖南省高等继续教育发展年度报告数据采集系统

案例 4-7 突出办学特色，加强实验室建设

长沙医学院突出办学特色，按照打造一流品牌的思路，大力加强实验室建设，不断增强学校综合竞争力。一是投资 252 万元全面改造生命科学馆，丰富生命起源、胚胎、运动系统、消化呼吸系统、泌尿生殖系统、神经系统及断层与病理变异等标本，新增血管神经、全身肌肉塑化、水平包埋断层、头颈部、胸部肌肉脏器血管神经等标本，并打造 360 激光全息系统和胚胎运动、消化呼吸等交互平台系统，让学生身临其境。二是新建高标准、高规格院士工作站实验室，已投入 2000 余万元完成实验室基础建设，购置了匈牙利 3DHISTECH 病理切片智能扫描分析系统，美国 ABI 荧光定量 PCR 仪、赛默飞世尔全自动荧光倒置显微镜与伯乐化学发光凝胶成像仪等先进仪器设备。三是投入 700 余万元加大新型药物制剂研发湖南省重点实验室（培育基地）与药学实验中心的建设力度，购置了美国布鲁克海文激光粒度仪、日本岛津高效液相色谱仪等仪器设备，建成固体制剂模拟制药车间与包装车间、中药提取模拟车间、模拟益丰大药房与中药炮制实验室等，将基础研究、应用研究和产品开发有机结合，打造湖南省医药新技术孵育转化中心，提升药学整体教学水平、科技创新能力和竞争实力。

4.4.2 非学历教育设施设备逐步改善

全省高校不断加大经费投入，推进教学设施建设，更新教学科研设备，在办好学历继续教育的同时，逐步改善非学历教育办学条件。2021 年，全省高校在基础设施建设方面累计投入 6.24 亿元，在教学科研仪器设备资源方面投入 3.07 亿元，较 2020 年增长了 60.89%。

案例 4-8　依托优势学科和资源，服务马栏山视频文创园

为落实湖南省"三高四新"的战略定位和使命任务，以及实施强省会战略的精神，长沙学院继续教育借助学校地处马栏山视频文创产业园这一天然的地理优势，在充分调研马栏山视频文创园区发展状况的基础上，依托学校优势学科和优质资源，积极构建服务市委市政府打造"国家创新创意中心"战略布局的特色继续教育培训体系。同时，该校继续教育紧密对接经济和社会发展需求，联合企业行业龙头，在职业技能鉴定、技能培训上精准发力，特别是在数字视频内容生产等行业职业资格技能的标准制定和技能证书发放上与马栏山视频文创园积极开展合作和共建，力争使该校继续教育成为视频文创产业职业技能资格培训的领跑者、数字经济核心产业发展的推动者和马栏山视频文创园区发展的见证者，为学习型社会建设提供强有力支撑。

4.5　合作办学

4.5.1　合作办学模式不断创新

全省高校充分发挥办学优势和办学特色，以学历继续教育和非学历教育为抓手，进一步拓宽继续教育渠道，扩展办学空间，整合办学资源，深化政校合作、校校合作、校企合作、校地合作多种合作模式，助力地方经济发展、产业转型发展、学习型社会建设。2021年，与各级地方政府合作举办继续教育的高校有78所，与其他省学校合作举办继续教育的高校有76所，与企事业单位合作举办继续教育的高校有45所，与属地街道社区合作办学的高校有17所，开展不同合作办学模式的高校数量均有不同程度增长。（见表4-2）

表4-2　2021年全省高等继续教育合作办学情况

78所	与各级地方政府合作举办继续教育高校
76所	与其他省学校合作举办继续教育的高校
45所	与企事业单位合作举办继续教育的高校
17所	与属地街道社区合作办学的高校

数据来源：湖南省高等继续教育发展年度报告数据采集系统

案例4-9　坚持党建引领办学，成人教育行稳致远

湘南高教函授中心（简称"湘南高函"）是1999年经教育行政部门批准成立的成人高等学历教育培训机构，是南华大学首批函授站之一。二十多年来，湘南高函坚持以党建工作为统揽，把立德树人作为根本任务，引领成人继续教育高质量发展。湘南高函多次被评为省、市"优秀办学单位""优秀函授站"荣誉称号。湘南高函高教党支部被列为省级两新组织标杆创建支部，连年被评为郴州市直教育系统"先进党支部"，党支部书记陈庆德被评为全市教育系统"优

秀党务工作者"。

以党建警醒使命，保持立德树人定力。二十多年来，湘南高函始终用党建警醒办学初心，坚守"为党育人、为国育才"使命，以强有力的思想和政治保证育人育才不偏向、不走样。湘南高函共为数万学子圆了大学梦，其中取得学士学位和硕士研究生学历数千人，培训各种专业、职业人才38000余人。以党建凝聚人心，培植教职员工动力。湘南高函一直坚持开展丰富多彩的党支部活动，在潜移默化中培育"忠诚为本、责任为天、奉献至上、团队致胜"的核心价值观。每年开展"立标杆、树典型、学先进""用心讲述好故事"等活动，开展革命传统教育。以党建引领创新，激发办学育人活力。坚持党建引领守正创新，从招生、教学、培训、考试、管理全方位管控，全过程规范。开展"党建领路，党员领跑"教务教学、招生PK活动，激励员工团队对标对表学先进、比学赶超创一流。

4.5.2 校外教学站点功能不断拓展

湖南省教育厅强化监管责任，对全省高校的校外教学站点进行备案管理和质量监测，组织开展常规检查和专项评估。全省高校履行办学主体责任，以提高办学质量为根本，做好校外学习点的设置、培训与考核，利用校外学习点组织学生选课、督促学生学习和协助学生解决非学术性问题，为学生提供就近的学习环境和帮助指导，解决学生"工学矛盾"，把校外学习点打造成理论学习的助学点、实践学习的实训点、社区教育的学习点。2021年，38所省内主办高校与校外教学站点的合作，撤消办学不规范的校外教学站点75个。

案例4-10 突出职业能力培养的"双证"融合教学改革

近年来，湖南工业大学不仅重视学生学历文凭的获得，也重视学员职业资格证书的获取。学校在邵阳的函授站（邵阳市中等城乡建设职业技术学校）对建筑类专业进行了"双证"融通的教学改革试点，从课程计划、教学内容、质量评价、考核方式等方面进行双证融合和衔接。一是做好课程体系对接。在人才培养方案中，根据社会需要和学生实际要求，推行"模块式"结构，将职业资格考试课程纳入日常教学安排，使学历教育课程与职业资格证书考试课程融入一体化教学体系，建立动态课程结构，让学生掌握适用的基础理论，同时满足其专业技术应用能力发展的需要，为可持续发展拓宽空间。二是教学内容与职业资格标准实现有机融合。将职业资格标准中的知识与技能要求融入相关课程教学大纲，对传统课程的教学内容进行综合化整合，广泛吸收本行业领域的新知识、新技术、新工艺、新方法，根据社会生产、经营、管理、服务实际工作对职业岗位技能的需求变化信息及时调整教学内容。三是考核方式与职业资格鉴定方式相衔接。革新考试方法，实施多样化考试机制，逐步建立以能力考核为主，常规考试与技能测试相结合的考试、考核方法体系。

表4-3 湖南工业大学邵阳函授站2018—2019届毕业生获得土建类资格证书情况

获初级、中级工程师及相关岗位资格证书人数（人）				
毕业年份	毕业人数（人）	初级工程师	中级工程师	获相关岗位资格证书	获相关岗位资格证书比率
2018	148	25	61	85	57.4%
2019	256	36	142	178	69.5%
合计	404	61	203	263	65.34%

如表4-3所示，在实施"双证"融合教学改革后，2018届、

2019届毕业生共有263人获得土建类初级、中级工程师资格证书。"双证"教学极大地提高了学生学习积极性和考证的热情，学生到课率明显提高，教学内容更具实用性、针对性。这一改革获得用人单位和学生的普遍欢迎，该函授站2019级招生人数在上一年度的基础上提高了40%。

4.6　学习支持服务

4.6.1　学习支持服务满足多样化需求

全省高校坚持以学生为中心，进一步完善学习支持服务模式，依托先进的互联网技术，随时随地为学生提供选课指导、课程学习辅导、交互答疑、咨询服务、学生管理等个性化的学习支持服务。依托校外学习点，提升线下支持服务能力，拓展线下指导支持服务网络，切实指导学生自主学习，帮助学生解决在学习过程中遇到的各种困惑，满足学生的多样化需求。

案例 4-11　依托校外学习站点，开展项目答辩

湖南财政经济学院长沙站进行2105计算机班HTML项目结项验收答辩（见图4-8）。经过教员老师的辛劳培育，学生们的认真学习和努力拼搏，此次项目答辩中每个同学表现非常优秀，对接下来的学习有了更明确的目标。在准备项目的日子里，2105计算机班学生埋头苦干，一行行代码在学生们手中变成一页页炫酷而又漂亮的页面，老师们高兴之余更多的是欣慰。答辩会上，该校还邀请了站点

负责人、副校长向荣担任评委，此次答辩会得到院校领导的肯定，为今后工作的开展打下了良好的基础。

▲图4-8　2105计算机班HTML项目结项验收答辩现场

4.6.2　学习支持服务体系基本形成

全省高校不断完善推进学习支持服务网络建设，增强线上学习支持服务能力，提供更有效、更高质量的学习支持服务，形成由资源支持服务、信息支持服务、教学支持服务与管理支持服务为主体的学习支持服务体系，提高学生学习体验满意度和学习效果。2021年，全省高校共建学习支持服务软件（平台）1364套。

案例4-12　完善支持服务体系，保障项目培训质量

为落实国家发展战略部署，助力新时代中小企业高质量发展，中南大学以实施5年工信部"中小企业经营管理领军人才培训项目"为基础，升级打造了特色明显的"数字经济企业经营管理研修项目"。

项目培养方案按培训体系模块化、培训专题系列化的思路设计。总体架构以"数字化"为主线，按政经视野、顶层战略、管理赋能、信息技术、资本运作、增值服务6个模块设计。每个模块设置系列专题，要求充分挖掘思政教育元素，将数字化技术应用有机融入各培训专题。

项目师资团队由清华大学、北京大学、中南大学等高水平大学知名教授和政府、信息、产业等领域的资深专家组成。教学模式采取主题讲座、案例教学、行业参访、专题论坛、人文活动等相结合的全方位教学模式。教学管理中心主任、班主任和教务助理全程服务，组织教学过程及培训质量评价，收集反馈教与学的意见和建议，优化课程资源确保学习效果。成立企业家校友会，组织拓展训练、沙龙、年会、咨询等活动，加强交流，共享发展。采取全年循环的授课方式，不断优化精炼教学专题，适应数字经济的新发展、企业培训的新需求。项目构建了涵盖五个质量评价子系统，突出实施成效检验的培育计划项目质量评价体系，有力地保障了项目培训质量。

4.7　内部质量管理

4.7.1　健全完善质量管理体系

全省高校强化高等继续教育的质量意识，完善继续教育内部治理，积极探索继续教育质量管理体系建设。全省高校根据学历继续教育和非学历教育办学实际，逐步完善统筹管理和协调机制，坚持"党政一把手负总责，分管校长具体负责"的原则和制度，设置继续教育归口管理职能部门，对学历继续教育和非学历教育办学活动进行统一归口管理，实现"管办分离"。建立继续教育质量监控评价体系，完善专业建设、组织建设、过程质量管理、校外教学站点管理、档案管理等制度文件，确保学历继续教育与非学历教育规范发展。

案例4-13 教学诊改工作常态化，建立质量管理体系

湖南汽车工程职业学院全面、扎实推进全员、全过程、全方位的教学工作诊改，经过多年运行，内部质量保证体系已经建立。一是建章立制，进一步完善教学质量管理体系。2021学年，制订了40个专业人才培养方案，优化了100门课程标准，修订了教学督导工作条例，发布了学校部门考核方案，完善了教学质量评价考核、教师工作业绩评价考核、学生学习成绩及综合素质的评价考核体系。真正做到教学组织有标准、教学过程有监控、教学评价有体系。二是督导并举，教学督导驱动常态化教学诊改。从往年"课堂教学优师"中精心挑选兼职教学督导，专兼职督导全年深入课堂听评课2078节次，上课老师人均被听课5节次，实现听课全覆盖。加强听课反馈，督导们即听即评，全年发布《教学督导简报》9期、专项督查通报49期。三是优化平台，推进教学质量管理精准智能化。重点加强了"教师发展可视化、学生成长可视化、办学水平可视化"的建设，打通学校业务系统，整合数据，坚持一数一源原则，汇聚师生、学校办学数据。目前大数据仓库已集成业务系统17个，建有业务数据表2054张，累计采集数据2694968196条。

4.7.2 不断加强过程质量管理

全省高校规范开展继续教育的教学组织，加强对招生、教学、考试、毕（结）业等关键环节的管理，确保办学质量。在招生管理上，严格按照教育部

备案专业招生，把牢宣传资料关，统一招生简章，杜绝虚假承诺，严格校外教学站点与中介机构合作组织生源；在教学管理上，严格落实人才培养方案，在教学任务下达、教学过程监控、教学质量评价等方面严格执行与实施；在考试管理上，实行统一命题，引入人脸识别，保证考试质量；在毕业管理上，严格毕业资格审查，严格学位授予。

案例 4-14　加强监管指导，规范专业建设和教学过程

为提升继续教育质量，湖南医药学院不断加强过程质量管理。主动查摆继续教育及合作办学领域腐败和不正之风问题和风险点，及时化解廉政风险。对部分不符合实际情况的制度及时进行修订，从业务开展源头进行防控，对执行过程进行细节排查。2021 年下半年，开展继续教育及合作办学领域腐败和不正之风问题自查自纠，开展非学历教育领域腐败风险专项清理整顿工作。进一步规范办学行为，加强学历继续教育监管指导，加强招生宣传、函授站规范管理。开展成人高等教育招生工作中买卖生源、虚假宣传、函授站违规管理等问题专项清查，函授站的年度检查及新疆函授站工作人员业务培训。

不断规范学历继续教育专业建设和教育教学过程管理。完成了 11 个高等学历继续教育专业人才培养方案的修订和高等学历继续教育 367 门课程教学任务下达和教学安排。在疫情防控的新形势下，本学年学历继续教育面授教学主要采用"线下＋线上直播"教学方式，完成 12 个函授站（点）各专业 8 门核心课程的教学。

严把教学质量关，聘请督导专家开展学历继续教育和非学历教育线上、线下教学督导，制订继续教育评课标准。全年完成非学历教育美容师职业技能培训 12 学时督导听课，完成学历继续教育线上、线下 34 学时督导听课。

4.8 外部质量管理

4.8.1 教育行政部门对质量管理常态化

湖南省教育厅加强对继续教育的政策指导和办学监管，规范高等继续教育办学行为，提升人才培养质量。严格按照《关于加强高等学历继续教育专业设置与管理有关工作的通知》要求，对全省高校拟招生专业人才培养方案、新增专业的论证材料进行核验，严把专业设置关；完善高等继续教育发展年度报告制度，对高等继续教育发展报告进行评级，持续对外出版并发布湖南省高等继续教育发展报告，严把年报质量关；加强对校外教学站点的资格审查和办学检查力度，对办学条件达不到基本要求或者教学管理混乱、教学质量低劣、有违法违规行为的教学点，分别采取了限期整改、停止招生和撤销等处理措施，严把站点审核关。

4.8.2 第三方教育评估持续推进

全省高校为强化继续教育责任主体意识，提高办学质量，充分发挥社会的监督作用，积极引入麦可思等第三方教育评估机构，对继续教育的教学质量进行跟踪监测与评价，不断规范继续教育办学行为，推动继续教育教学改革，提高继续教育的办学水平和人才培养质量。

案例 4-15　委托第三方评估，提高继续教育教学质量

湖南电子科技职业学院委托湖南沁园春教育科技集团有限公司作为第三方机构对学校继续教育成人教育工作进行评估，并形成质量评估报告。2021年,该校继续教育学院进行了1次毕业生跟踪调查，走访了15家用人单位，回访了60多名毕业生，两者对学校的继续教育教学质量评价较高，尤其是用人单位对该校继续教育学院的教育教学服务、毕业生日常工作表现及服从工作安排等方面都较满意。

4.8.3　非学历教育评估效果明显

全省高校高度重视非学历教育发展，强化非学历教育教学质量，严格按照委托单位要求，围绕培训方案、课程、师资、实施及保障等各个环节，接受受训单位、参训学员等共同参与的质量监测与效果评价，认真征求受训单位的反馈意见，不断提高非学历教育的办学质量，打造非学历教育品牌。2021年，全省93所高校开展了非学历教育项目培训后的满意度测评，满意度普遍较高。

案例 4-16　接受外部质量评估，规范非学历教育发展

为全面落实教育部相关文件精神，中南大学高度重视非学历教育质量管理，制订《中南大学非学历教育管理办法（试行）》，对非学历教育全过程、各环节有明确且详细的规定和要求，确保非学历教育规范发展，同时制订教学过程质量管理、项目实施过程管理等实施细则，将学校文件要求落到实处。学校继续教育管理办公室建立定期检查和不定期抽查制度，确保各办学单位严格按照学校要求实施。学校非学历教育项目接受外部质量评估：国家各类基地接受主管部门的评估，如"中小企业经营管理领军人才培训项目"每年接受工信部人才交流中心年度考核；委培项目接受委培单位的办学质量评估或培训学员直接评估；面向社会招生项目接受培训学员的直接评估。评估结果反映了中南大学培训质量良好，得到了委培单位和学员的肯定和好评。

4.9 信息化建设

4.9.1 信息化推动教学管理平台建设

全省高校贯彻落实《湖南"互联网＋教育"行动计划（2019—2022年）》，加大继续教育信息化建设投入，打造教学、学习、管理一体化平台，并以此为基础，以人才培养和社会服务为目标，创新继续教育服务方式，提高管理效能，促进信息化与教育过程的深度融合。2021年，全省高校自建教学管理软件（平台）145套，购买教学管理软件（平台）1219套。

案例 4-17   信息化平台促进成人高等学历继续教育提质

湘南学院采用的"混合式"教学模式改革既能解决成人学历教育的"工学矛盾"，又能提高成人教育教学质量。积极利用信息化技术促进教学管理改革，提升高等学历继续教育教学质量。该校成人高等学历教育教学采用两种教学模式，线上教学和线下教学，两种模式互为补充。首先，该校每学期组织专业基础课程或专业核心课程组织专家教授赴函授站进行集中面授教学。部分由于受新冠疫情的影响，无法开展现场面授教学的函授点，该校则利用学习平台开展线上直播。其次，每学期充分发挥信息化平台优势有效推进线上教学。每一个专业学生每学期要在平台上学习规定的专业基础课程或专业核心课程并参加考试。线上课程学习分为两部分：观看课程教学视频和做练习。视频观看时长必须达到规定课时的30%～50%，因此函授站教学管理人员需加大对学生的督促力度。最后，依托数字化信息管理促使学生按时按质完成学习任务。从学生入学到毕业审核，对所有信息均进行数字化管理，杜绝校外教学点进行人为操作。同时利用信息化技术促进考试模式改革，提升服务学生能力。2021年，该校利用OTS在线考试系统完成了成人学士学位英语考试。OTS

在线考试系统拥有独到的人脸识别验证身份、作弊智能预警、师生实时沟通等实用功能，配合鹰眼监控系统，基于音视频通信技术，打造了"无死角"考试环境，让线上考场在纪律的严肃性、考试的氛围感方面丝毫不输线下。

该校采用信息化平台课程服务，充分体现以学生为主体，教师为主导的互动教育思想，实现由教师引导、启发和监控教学过程，学生主动、个性化地自主学习，成效显著。

4.9.2　信息化完善教学过程管理

全省高校充分利用信息技术创新教学模式，促进信息化与教育过程的深度融合，推进学历继续教育"混合式"教学改革。通过教学管理平台，监测、诊断和预警学习，实时掌握学情状态，定期开展精准辅学、助学和督学，推行无纸化考试和试卷评阅，开展虚拟实习实训，确保继续教育教学过程的完整性。2021 年，全省高等继续教育统一公共服务平台尚未建成，但据统计，全省高等继续教育教学管理和服务信息系统数据总量约为 441867TB，较 2020 年增长了 317.81 倍。

案例 4-18　衡阳师范学院高等学历继续教育"三融合"教学模式

在科学技术迅猛发展的今天，"互联网 +"被广泛应用到高等学历继续教育领域，较好地解决了成人学习的"工学矛盾"和学校监管无力的现状，方便了学员灵活学习、自主学习，贯彻了终身学习的理念。但如何提高高等学历继续教育人才培养质量，是各高校重点探讨的话题。衡阳师范学院经过几年的实践探索，形成了高等学历继续教育"三融合"的教学模式。"模块化 + 个性化"相融合的专业课程设置将课程设置分为公共基础课程、专业基础课程、专业课程、实践环节四大块（见图 4-9），还有"线上 + 线下 + 自学"相融合的混合式教学模式（见图 4-10）和"实验＋实训（实习）＋实践"相融合的立体化实践教学模块（见图 4-11）。该校将上述"三融合"教学模式与教学实践相结合，将教学效果与教学质量评价体系结合起来，坚持以学生为中心，持续改进，不断完善高等学历继续教育教学模式和评价体系，构建了知识、技能、能力"三位一体"的质量评价体系。经过两年的实践，该校高等学历继续教育"三融合"教学模式取得了较好的效果，提高了人才培养质量，获得了学生、函授站点和社会的一致好评。

学前教育专业（专升本、函授）教学计划进程表

课程类别	课程序号	课程名称	教学时数及分配						一学年		二学年		三学年	考核方式	备注
			总学时	面授学时	自学学时	实验学时	实践学时	学分	一	二	三	四	五		
公共基础课程	1	马克思主义基本原理概论	72	22	50			4	√					考试	必修课程
	2	中国近现代史纲要	72	22	50			4	√					考试	
	3	大学英语Ⅱ	108	36	72			6	√					考试	
	4	计算机基础与应用Ⅱ	108	36	72			6	√					考试	
		小计	360	116	244			20							
专业基础课程	5	学前心理学	108	36	72			6	√					考试	必修课程
	6	学前教育学	108	36	72			6		√				考试	
	7	游戏与学前儿童发展	108	36	72			6	√					考试	
	8	幼儿园课程论	108	36	72			6		√				考试	
	9	幼儿园教育活动设计与指导	108	36	72			6			√			考试	
	10	学前卫生学	108	36	72			6				√		考试	
	11	学前教育科研方法	108	36	72			6			√			考试	
	12	幼儿园组织与管理	108	36	72			6				√		考试	
		小计	864	288	576			48							
专业课程	13	幼儿手工制作	108	36	54	18		6		√				考查	任选六门
	14	舞蹈与幼儿舞蹈创编	108	36	72			6		√				考查	
	15	学前儿童家庭教育	108	36	72			6			√			考试	
	16	0—3岁婴幼儿保育与教育	108	36	72			6				√		考试	
	17	幼儿教师口语训练	108	36	72			6	√					考查	
	18	现代教育技术应用	108	36	72			6				√		考试	
	19	学前儿童社会教育与活动指导	108	36	72			6			√			考查	
	20	学前儿童语言教育与活动指导	108	36	72			6			√			考查	
		小计	864	288	558	18		36							
实践环节	21	教育实习（8周）	144				144	8					√	考查	必修课程
	22	毕业论文（设计）与答辩（10周）	180				180	10					√	考查	
		小计	324				324	18							
		合计	2196	620	1234	342	122								

注：1. 本类专业课程和学分按6门课程的课时和学分计算；
2. 专业见习、教育实习、毕业论文（设计）与答辩按每周18课时计算。

▲图 4-9　学前教育专业"模块化＋个性化"的专业课程设置

▲图4-10 "线上+线下+自学"相融合的混合式教学模式

▲图4-11 "实验+实训(实习)+实践"相融合的立体化实践教学模块
注:图为岳阳市湘北女子职业学校函授学员在校办幼儿园实习

4.9.3 信息化助力非学历教育发展

全省高校积极推进非学历教育信息化建设,创新"互联网+"模式,围绕高层次继续教育培训、知识普及型培训、专业技能型培训、服务型培训等类型,广泛开展线上线下相结合的讲座、培训、观摩、座谈等多种形式的培训与服务。为促进学历教育与非学历教育的协调发展,借助学分银行在线平台打通学历教育与非学历教育的通道,实现学分互认。2021年,全省搭建非学历教育培训平台217个,建设非学历教育数字化资源54390个,线上参与非学历教育培训1058534人次;湖南终身教育学分银行信息服务平台注册用户411494人,存储学习成果29229条。(见表4-4)

表4-4　2021年全省高等继续教育信息化发展情况

搭建非学历教育培训平台	217 个
建设非学历教育数字化资源	54390 个
线上参与非学历教育培训	1058534 人次

数据来源：湖南省高等继续教育发展年度报告数据采集系统

案例 4-19　推动平台与资源建设，促进非学历教育发展

湖南开放大学深入学习贯彻党和国家构建高质量教育体系的决策部署，围绕落实省九部门下发的"两个文件"要求，充分调动开大办学系统和社区教育机构的积极性，主动作为，协同推动，促进了全省非学历教育的新发展。

不断加强体系建设。将体系建设作为社区教育基础能力建设的一项重要工作内容，督促分校落实。经过努力，省内社区学院新增4个，共94个；社区学校新增15个，共483个；社区学习中心新增40个，共2851个。加大对基层社区教育机构的扶持力度，对宁远县、沅江市、南县、湘阴县等地的社区学院给予专项经费支持。积极推动平台与资源建设。完善湖湘学习广场平台界面及平台功能，完成湖湘学习广场的优化升级，努力将湖湘学习广场打造成湖南全民终身学习的平台、成果展示平台和社区教育工作平台。对湖南老干部（老年）开放大学平台及其手机端页面进行改造升级，提升了平台的学习支持服务能力。整理各类学习资源10000余个，增加课程900余门，已向湖湘学习广场推送视频资源2500余个。湖南省老干部（老年）开放大学平台上传了1848个视频资源，平台访问量达4636万，注册人数达到了177659人，同比去年增长了26%。持续推进学分银行建设。采取实地调研、网络调研、电话调研、文献调研等形式，了解国内省级学分银行建设情况，形成了《国内省级学分银行建设调

研报告》。据调研报告,宜尽快设立湖南省学分银行管理中心。开展"湖南开放大学学习成果认证与转换试点项目"的调研、论证及方案制定。做好平台维护、学习账号激活及国家开放大学布置的有关学分银行的常规性工作。现平台注册用户 411494 人,存储学习成果 29229 条。

4.10　经费保障

4.10.1　学历继续教育经费使用规范

规范全省高校学历继续教育办学经费收入支出管理,所有办学经费收入均按照物价局核定批准的收费标准进行收费,且纳入高校统一管理。所有办学经费使用严格遵循国家财政法规,认真执行预决算,做到专款专用、严格审计,主要用于支付教师薪酬、开展教学活动与购置教学设备等。2021 年,全省高校学历继续教育学费收入 7.55 亿元,教学经费支出 5.23 亿元。

4.10.2　非学历教育经费不断增长

全省高校非学历教育发展一直呈上升趋势,办学收入逐年增长,办学经费支出严格按照相关规定执行,主要用于教师课酬、训后服务、学员食宿、场地租赁、教材文印、交通用车、管理运行、培训调研、业务拓展及资源建设等多个方面。2021 年,全省高校非学历教育学费收入 5.89 亿元,较 2020 年增长 31.23%;教学经费支出 2172.76 万元,较 2020 年增长 5.62%。

5.社会贡献

5.1 继续教育服务国家、行业及社会发展情况

5.1.1 激发乡村振兴内生动力

全省高校充分发挥社会服务功能，激发人才和科技的强大内生动力，线上线下多种方式推进学历继续教育与非学历教育，为乡村振兴培养各级各类实用型人才。2021年，面向"三农"，持续实施农民大学生培养计划，累计培养农民大学生达1.44万人，学员分布在全省14个市（州）100多个县（市、区），覆盖了全省所有行政村；开展"三农"专题培训，提升农民素质和专业技能，培养适合现代农业发展和新农村建设要求的新型职业农民，为全省8000个贫困村输送了20000多名致富带头人。

案例5-1 打造"互联网＋"乡村振兴人才培养高地

2004年以来，湖南开放大学共培养了143581名农民大学生，覆盖20000多个行政村，为脱贫攻坚和乡村振兴事业贡献了力量。新华网、中国网、《光明日报》和《湖南日报》等10余家中央和省级主流媒体先后进行了70多次专题报道，打响了湖南农民大学生培养品牌。

该校采取系列措施服务乡村振兴战略。一是精心谋划，构建"三方面"联动机制。注重做好农民大学生培养顶层设计，构建党委领导、政府支持、学校实施的"三方"联动运行机制，健全由省委组织部牵头，教育厅、财政厅、人社厅、农业农村厅、乡村振兴局等部门和开放大学分工负责的工作机制，全省上下形成了纵横联动、齐抓共管的格局。二是面向需求，聚焦"三类人"培养目标。围绕脱贫攻坚和乡村振兴需求，聚焦培养农村党员干部、农村脱贫致富带头人和农村发展急需的专业技术人员。建立农村紧缺、农业急需、农民欢迎的专业结构，创设"通识素质＋专业技术＋职业技能"三模块组合

课程体系，做到以需定教，靶向教学，较好地解决了供需失衡和学用脱节的问题。三是深度融合，创新"三课堂"教学方式（见图5-1）。为解决生产与学习、大课堂传授与个性化学习相矛盾的问题，构建了"网络空间＋田间地头＋创业基地"的"三课堂"联动教学方式，打造了线上线下深度融合的新课堂，上接优秀教师和优质课程资源，下接田间地头和创业基地，让农民家门口上大学、掌上读大学成为现实。

▲图5-1　农民大学生"三课堂"教学方式

5.1.2　服务"三高四新"能力不断增强

全省高校积极落实湖南省"三高四新"战略定位和使命任务，依托优势学科和优质资源，积极构建服务于"三高四新"的特色继续教育体系，在紧密对接经济与社会发展需求的基础上，联合行业龙头企业，在学历继续教育与非学历教育上持续发力，提高人才培养质量和增强服务企业能力，成为产业发展的推动者。2021年，全省高校开设服务"三高四新"战略相关专业点

595 个，培养人才 153406 人；开展各级各类培训项目 372 项、培训班次 820 个，培训企业员工 97387 人。（见图 5-2）

▲图 5-2　2021 年全省高等继续教育服务"三高四新"战略情况
数据来源：湖南省高等继续教育发展年度报告数据采集系统

案例 5-2　校企联动，主动服务"三高四新"

2021 年 5 月，湖南财经工业职业技术学院应特变电工衡阳变压器有限公司（简称"特变电工"）党委书记、总经理种衍民邀请，前往该公司云集 5G 科技产业园洽谈合作。（见图 5-3、图 5-4）

▲图 5-3　种衍民为调研组介绍云集 5G 科技产业园

特变电工积极响应国家"新基建"发展规划和工业智能化发展号召，依托"互联网+"人工智能、工业 4.0 技术、5G 技术，投资新建了特变电工云集 5G 科技产业园，精心打造集智能感知、数据采

▲图 5-4　调研组参观云集 5G 科技产业园

集、集成分析为一体的智能工厂，实现了产品研发制造的数字化升级。该产业园与国家新基建理念和要求一脉相承，荣获湖南省第一批"5G+ 工业互联网"示范工厂。该校与特变电工的友谊可追溯到20 世纪 80 年代，相互见证了彼此的发展壮大和为衡阳经济社会发展作出的贡献，也见证了校企双方长期合作取得的成果。

　　该校主动为企业技能人才队伍建设服务，发挥校企"双主体"育人作用，培养高技能人才：促进骨干教师与企业管理人员、技术人员互聘互兼和双向挂职锻炼；联合进行课程开发，确保课程内容与企业岗位技能标准有效对接；深化工学结合人才培养模式改革，依据职场氛围、企业文化，结合企业人才需求，建设真实工作环境的实训室或生产性实训基地；积极探索校企合作新模式，共建校企产业学院，不断丰富校企合作内涵，在制造业绿色升级、智能制造、高端装备创新三个方面突破，引领衡阳经济实现更高质量发展，主动服务"三高四新"战略。

5.1.3　学习型社会建设走在全国前列

全省高校利用自身人才、技术、资源、科研和办学特色优势，充分发挥继续教育的功能属性，积极投入社区教育与老年教育，构建实体办班与网络教学相结合、线上自主学习与线下体验学习相结合的模式，为建设学习型社会提供智慧与支撑。2021 年，为推进社区教育和老年教育资源共建共享，不断优化升级湖南省终身教育公共服务平台（湖湘学习广场），汇聚视频资源 2500 余个，增加课程 900 余门，向居民免费开放。湖南老干部（老年）开放大学平台有近 6000 个资源供老年人学习，推动了老年教育资源的开放和共享。全国全民终身学习活动周在长沙举行，全省 14 个市州从本地实际出发，同期举办全民终身学习活动周。各地组织了一系列形式多样、群众喜闻乐见的全民终身学习活动，参与人数 380 余万人。

案例 5-3　构建"1+N"社区教育体系，打造非遗社区教育品牌

湖南工艺美术职业学院在益阳市社区大学的指导下，依托学校非遗专业优势，成立了湖南工艺美术职业学院社区学院。该社区学院主打非遗品牌，依托学校的非遗专业师资、资源等优势，贯彻非遗进社区、进校园的方针，为全市各类人群提供湖湘传统技艺体验培训，推动了湖湘非遗传统技艺的传承弘扬。

湖南工艺美术职业学院社区学院以学校本部的"1"为基础，在学校本部建立了湘绣、陶瓷、木雕与泥塑 3 个传统技艺创意工坊，同时吸纳全市区域内的工艺美术协会、行业企业、非遗传习所、中小学等参与社区教育，校校、校企合作共建"N"个传统技艺培训基地，构建了"1+N"社区教育体系（见图 5-5、图 5-6）。每年培训社区居民 4000 余人次，为当地非遗进社区、进校园、进现代生活作出了突出贡献。

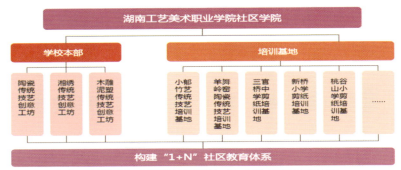

▲图5-5　湖南工艺美术职业学院社区学院"1+N"社区教育体系

非遗进社区，文化有传承。非遗只有走进社区，才能走进现代生活，走进普通老百姓的生活。只有这样，非遗的传承和保护才能不是一句口号。非遗传承和保护离不开大众的参与，让源自民间的非遗活起来，让源自民间的非遗回到民间。要让非遗被群众所熟悉，并产生强大的吸附效应，从而为非遗永续发展夯实社会群体基础。该社区学院在非遗进社区方面起到了非常重要的作用，让群众能够深入了解身边的非遗。

▲图5-6　成立社区学院培训基地

5.2 继续教育资源面向校内、社会开放服务情况

5.2.1 优质资源互用共享

全省高校充分利用网络技术与资源优势，面向校内免费开放继续教育优质资源，实现继续教育资源与在校师生共享，推动继续教育资源与全日制教育资源的优化整合。2021 年，全省高校累计向校内师生提供在线开放课程 23215 门，各类非学历教育学习资源 54390 个，为在校生开展 1+X 证书培训、大学生创业培训等各类职业技能培训项目 282 项，共计培训在校生 392188 人，占全省非学历教育总人数的 21.66%。（见图 5-7）

▲图 5-7　2021 年全省高等继续教育面向在校师生开放情况
　　　　数据来源：湖南省高等继续教育发展年度报告数据采集系统

案例 5-4　助力"三高四新"新战略，推动军民融合发展

湖南工业职业技术学院以《中国特色高水平高职学校和专业项目建设实施方案》为抓手，不断完善、优化制度体系，落实该校办学自主权的各项政策保障措施，推动了学校的高水平建设和高质量发展，其中汽车学院汽车维修技术专业与南部战区某部队共同打造示范性部队汽车维修技术技能人才培训中心，提升了现役军人的职业技能。

一是以实践能力为导向，深化部队中高端技能人才培训。面向现役军人，构建以实践能力为导向的培养方案和课程体系，侧重装备的使用、维修和维护培训。二是以专业人才为引领，打造校企军

融合的培训团队。组建由该校名师、技能大师，军工企业技术人员、高技能人才领衔的专兼结合培训团队，其中兼职教师数量达到团队总人数的 20%。三是依托国家"1+X"证书制度，创新部队技能人才培养模式。依托国家"1+X"证书制度，对接国际职业技能人才培养先进标准，建立相关技能等级证书遴选推荐制度，开发适合部队技能人才培养的技能项目、等级标准，为学员提供更多适合其岗位迁移的技能培训选择，进一步创新部队技能人才培养模式。四是要健全创新体制机制，深化培训合作。该校出台了《校企合作 impart（五对接）工作标准》，从对接目的、对接内容、对接方式、对接人员和对接成效等方面，制订了可量化、可操作、可实施的"五对接"工作标准，推动了"五对接"工作任务落实见效，促进了产业链、岗位链、教学链深度融合；制订了《专业建设标准》，以校企合作为发力点，从人才培养与课程建设、教学条件、师资队伍、社会服务等多个方面提出了培训工作标准。（见图 5-8）

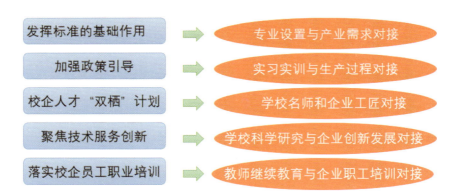

▲图 5-8　校企合作 impart（五对接）

5.2.2 优质资源持续开放

全省高校通过共享继续教育优质资源、开放科技文体场所，开设科普宣传教育讲座、开展科技文体活动等，面向社会提供优质教育服务。2021 年，全省高校向社会免费提供在线开放课程 5547 门；为社区居民开放图书馆、科普馆、航空馆、体育馆、足球场、篮球场等文体场所，周平均开放时间超过 30.5 小时；开展科普宣传教育讲座 1097 场次，培训社区居民 28830 人次，与社区合作开展科技文体活动 301 场次。

案例 5-5 创新社区教育模式打造"市民家门口的学校"

湖南水利水电职业技术学院和学校所在地社区——长沙县泉塘街道泉塘社区，充分发挥高校的人才资源和社区的地域优势，在整合原"校社共建"资源基础上，于 2021 年 11 月联合成立湖南水利水电职业技术学院泉塘社区学院，全力打造"市民家门口的学校"（见图 5-9）。

▲图 5-9　湖南水利水电职业技术学院泉塘社区学院挂牌

半年来，依托社区学院这个平台，湖南水利水电职业技术学院倾情服务于泉塘社区劳动力转移、产业转型升级、职业技能培训、传统文化传承和社区文化建设，泉塘社区全力为学生搭建实训实践、劳动教育平台。双方实现了优势互补、资源共享、互惠双赢、共同发展，谱写了高校服务社会、社会支持高校的时代新篇章。

5.3 对口支援、教育帮扶情况

5.3.1 持续做好对口援疆援藏工作

全省高校持续做好对口援疆援藏工作，充分发挥高校的办学特色和学科优势，支援与帮扶西藏山南市和新疆吐鲁番市。2021 年，全省高校采用"请进来"和"送过去"形式开展专业技术人员培训和干部培训。一方面，将干部和专业技术人员请到湖南来进行观摩与交流学习；另一方面，把湖南的教授和行业专家送过去，开展面授讲学 436 人次，现场帮助解决实际问题。

5.3.2 持续做好教育帮扶工作

全省高校与地方政府签署战略合作协议，开展全方位、多层次、多领域合作，整合地方资源，推动经济与科技相结合、产学研相结合，实现校地互动融合，形成高校支持地方经济社会建设、地方助推高校发展的"双赢"格局，开创校地合作新局面。2021 年，全省高校依托高校在人才、科技、智力、信息、产业等方面优势，培养学历继续教育学院 28.1 万人；开展非学历教育，累计培训人数 10.53 万人次。

案例 5-7　充分发挥对口支援作用，致力于教育帮扶

为落实湖南省"三高四新"的战略定位和使命任务及实施强省会战略的精神，长沙学院继续教育借助学校地处马栏山视频文创产业园这一天然的地理优势，在充分调研马栏山视频文创园区发展状况的基础上，依托学校优势学科和优质资源，积极构建服务市委市政府打造"国家创新创意中心"战略布局的特色继续教育培训体系。同时，该校继续教育紧密对接经济和社会发展需求，联合企业行业龙头，在职业技能鉴定、技能培训上精准发力，特别是在数字视频内容生产等行业职业资格技能的标准制定和技能证书发放上与马栏山视频文创园积极开展合作和共建，力争使该校继续教育成为视频文创产业职业技能资格培训的领跑者、数字经济核心产业发展的推动者和马栏山视频文创园区发展的见证者，为学习型社会建设提供强有力支撑。

同时，该校充分发挥对口支援作用，致力于教育帮扶。长沙学院坚持用优质的教育资源和科技资源服务地方经济，进行教育对口支援活动。如该校对学校成人学历教育合作单位——常德财经职业技术学校，给予了较多支持，为常德财经职业技术学校升格为常德财经机电职业技术学院提供了帮助，以师资培训、专家咨询指导、专业人员和干部挂职学习、共建职教联盟等形式并协助该函授站开展免费业务培训，获得对口地区行业企业一致好评。

6. 特色创新

6.1 实践特色与模式创新

6.1.1 完善"3+N"高等继续教育监管服务新模式

湖南省不断强化高等继续教育事前事中事后监管和服务，健全 3 种常态化监管服务机制，完善 N 项主题调研、专项检查机制，构建"3+N"高等继续教育监管服务新模式，切实规范高等学历继续教育健康、有序、协调发展。

完善专业检查与评估机制。贯彻落实教育部《高等学历继续教育专业设置管理办法》和拟招生专业填报有关工作要求，严格专业检查和优化评估标准，制订工作方案，组建工作组，分组采用网络评审和线下评审相结合的方式，重点抽检已招生专业和新增专业，及时公布结果。2021 年，专业检查与评估不合格专业和近 2 年招生人数在 30 人以下专业共计 252 个，均被要求暂停招生。通过专业检查与评估强化高校办学责任，引导高校合理调整优化专业布局、层次、结构，严把专业建设质量关。

完善函授站备案机制。健全函授站省、市、校三级管理体制。主办高校加强在湘函授站的设置与管理，并向函授站所在市州教育行政部门提交备案材料，严格履行备案登记手续；市州教育行政部门落实属地内函授站的管理和监督责任，开展年度办学审核与教学评估，并将符合备案条件的函授站名单及相关材料上报。省教育厅统筹做好函授站的宏观管理和业务指导，依法依规对各地各校函授站的备案材料进行审核，以及发文通报。2021 年，省内外高校在湘函授站共备案 682 个，其中撤销函授站 53 个，暂停函授站招生44 个。开展函授站备案工作，有效加强函授教育的质量监管，提高成人教育的教育质量。

完善高等继续教育发展年度报告编制机制。湖南省认真落实高等继续教育年度发展工作报告，实行校、省二级报告制度。省教育厅确定职业与成人教育处为编制发展报告的责任部门，成立了以分管厅领导为组长的编制工作领导小组，制订了工作方案，设计了基础数据采集系统，指导全省各高校高等继续教育发展年度报告编制工作，统筹完成省级高等继续教育发展年度报告。高校落实由主管校领导牵头、部门统筹、专人负责的学校继续教育发展年度报告责任人制度，高质量完成发展年度报告编制工作，及时上报和向外发布，展示办学成果，接受社会监督。2021年，湖南省统筹103所高校编制了发展年度报告，强化了教育行政部门的管理职能和高校办学主体责任。

完善多主题调研和专项检查机制。聚焦高等继续教育规范发展的需要，重点开展主题明确的专项检查，有效解决制约高等继续教育发展的突出问题。2021年，湖南省落实教育部工作部署，积极组织全省高校开展了高等学历继续教育教材建设与使用情况的调研、非学历教育对照检查、高等学历继续教育广告自查自纠与整治等。多主题调研和专项检查，瞄准"靶心"，重点出击，有效解决了高等继续教育发展痼疾。

案例6-1　构建科学管理机制，提升高等继续教育内部治理能力

吉首大学健全高等继续教育管理制度，形成以学校为主体、二级学院为支撑、函授站点协同参与的高等学历继续教育三级管理模式。学校强化办学主体责任，科学规划继续教育工作，完善继续教育学院归口管理，制订年度计划，统筹继续教育管理；各二级学院负责专业建设，提供师资等教学资源支持；校外函授站点接受学校业务指导和管理，按照合作办学协议要求，协助开展教育教学。该校高等学历继续教育管理模式压实了高等学历继续教育办学各节点的工作责任，有效推动高等学历继续教育高质量发展。

湖南中医药高等专科学校以制度建设为基础，构建非学历教育管办分离工作机制。该校先后出台《湖南中医药高等专科学校非学历教育管理办法》《湖南中医药高等专科学校培训项目经费管理办法》《湖南中医药高等专科学校非学历教育质量监控与保障制度》等系列规章制度，明确归口管理部门、办学部门，以及其他相关行政部门

的之间的权责关系，设立继续教育学院为归口管理部门以加强管理，形成办学院部自主办学，教务处、质检中心等其他相关行政部门合作参与的工作格局，构建了项目设计、课程研发、教学组织、效果评价等为一体的非学历教育教学管理模式。

6.1.2　建立高等继续教育师资队伍建设新机制

湖南省加强高等继续教育师资队伍建设，以师德师风建设为抓手，以改革高校教师评价机制为重点，不断增强教师的思想政治素质，有效激发教师干事创业的热情。

加强高等继续教育师资队伍师德师风建设。湖南省将 2021 年确定为"师德师风建设年"，在全省教育系统广泛开展师德师风建设活动。省内各高校以此为契机，狠抓高等继续教育师资队伍师德师风建设。103 所高校创新工作方法，通过课堂育德、典型树德、规则立德的方式，将师德涵养与教育教学工作、立德树人实践相结合，锤炼高等继续教育教师道德情操。全省 87 所高校组织高等继续教育教师参加学习活动、专题培训、宣讲报告会、征文比赛、演讲比赛等系列主题活动。1.77 万人对标对表师德师风建设标准，开展自我对照检查，进一步激发涵养师德师风的内生动力，切实提升自身思想政治素质和师德师风水平。自 5 月起，全省高校将师德师风建设与党史学习教育紧密结合，高等继续教育教师思想政治建设上实现新提升，在职业行为上取得新进展，在融入教育教学实践中抓出新成效。2021 年，高等继续教育教师在各自岗位上勤奋工作、爱岗敬业、创先争优，圆满完成了教育教学任务，在各类评优评先中，1236 名教师荣获省级、校级优秀教师和优秀教育工作者、年度专业技术考核等荣誉称号。

案例 6-2　多措并举筑牢师德风防线，践行立德树人神圣使命

湖南三一工业职业技术学院大力加强师德师风建设，弘扬爱岗敬业、为人师表、无私奉献的精神。一是掀起师德师风学习热潮。

该院高度重视师德师风建设，利用每周三教职工早会、在线学院等，将集中学习与个人自学相结合，加强对教师的职业形象、职业责任、职业纪律的教育和法制教育，提高其师德修养，规范其从业行为。二是架起师德师风"高压线"。围绕师德师风建设，该院制定了《关于进一步加强师德师风建设的若干规定》《湖南三一工业职业技术学院教师教学工作规范》等相关制度，把师德师风工作纳入学院工作的议事日程，把教职工的师德师风表现作为年度考核的重要内容，划清教师日常工作和行为底线，对师德师风问题依法规予以严肃处理。三是注重师德师风正面引领。先后开展"身边的好老师"征文活动、参与"师魂映党旗"湖南省师德师风演讲比赛，引导广大教师爱岗敬业、立德树人。把师德师风建设与党史学习结合起来，开展"学党史，践初心，志愿服务在行动"主题教育活动和"门前三包"、慰问老党员等志愿活动。四是树立师德师风先进典型标杆。学院通过"优秀教师"等评选活动，每年评选一批先进典型，让每位教师都争做师德师风的"领头羊"。通过榜样的示范带动，一大批师德标兵脱颖而出。（见图6-1）

▲图6-1　湖南三一工业职业技术学院举行"七一"表彰活动

完善高等继续教育教师评价体系。2021 年，湖南省出台《深化新时代教育评价改革实施方案》，明确了改革教师评价内容。省内各高校以教师评价改革为抓手，聚焦高等继续教育特点，创新工作方式方法，发挥教师评价的"指挥棒"作用，激发高等继续教师队伍活力。一是树牢师德师风第一标准，强化师德师风建设。湖南省坚持把师德师风作为评价教师的第一标准，有效利用教师自评、同行互评、学生（学员）评价等手段，推进高等继续教育师资队伍师德师风养成。二是构建多元化评价体系，创造人才成长良好环境。全省高校持续推进高等继续教育教师分类设岗科学化、考核重点差异化、评价体系多元化，不断改进校内教师与兼职教师、授课教师与管理教师、主讲教师与辅导教师评价标准，突出质量导向，为青年教师成长创造良好环境。三是突出教育教学实绩，引导履行教书育人职责。全省各高校着力扭转"重线上教学轻线下面授，重理论知识教授轻实践教学"的不良倾向，适当加大线下面授教学工作量和实践教学比重。在教师评价体制改革下，高等继续教育教师工作的积极性、主动性和创造性得到了很大提升。2021 年，湖南省高等继续教育师资队伍规模持续增长，师资结构进一步优化，其中副高职称以上授课教师 13340 人，占比 44.53%；硕士研究生以上授课教师 17211 人，占比 57.45%。（见图 6-2）

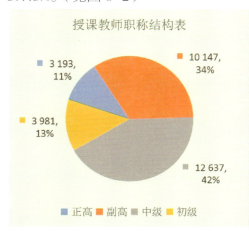
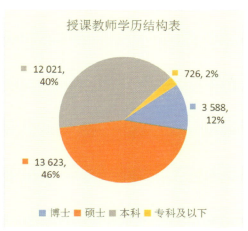

▲图 6-2　2021 年全省高等继续教育授课教师师资结构情况
　　数据来源：湖南省高等继续教育发展年度报告数据采集系统

案例 6-3　深化高等继续教育教师评价改革，促教师回归"初心"

湖南农业大学以深化教师评价改革为抓手，引导高等继续教育教师安心从教、潜心育人，回归教育应有之义。一是突出第一标准，强化师德师风养成。完善制度保障，出台《师德师风负面清单及失范处理办法》《师德考核实施办法》《师德师风行动计划方案》等系列文件，将师德作为第一标准贯穿教师招聘选拔、职称晋升、聘用考核全过程。坚持思想铸魂，利用入职培训、专题讲座、专题座谈会等活动，推动习近平新时代中国特色社会主义思想入脑入心。开展系列典型事迹报告会，深入宣传报道，营造浓厚氛围，激励广大教师争做"四有"好教师。二是突出多元评价，激发教师队伍活力。实施分类评价，根据岗位差异设置职称晋升分类评价标准，让不同类型人才在各自跑道上赛出精彩。突出质量导向，推行"代表性成果"评价。淡化数量考核，注重质量评价，建立"代表性成果"评价机制，引导教师注重原始创新、注重基础研究、注重科研育人。三是突出工作实绩，强化教书育人导向。绩效工资分配向一线教师倾斜，业绩奖励向教学研究倾斜，校级荣誉向育人实绩倾斜，从约束和激励两方面引导教师回归教书育人，形成了"人人争当好老师、人人是好老师"的良好氛围。

6.1.3　构建高等学历继续教育广告发布管理新体系

2021 年，湖南省为规范高等学历继续教育办学主体行为，净化高等学历继续教育市场环境，营造风清气正的高等学历继续教育发展空间，改革高等学历继续教育广告发布监管体系。一是明确目标抓宣传。以无违规办学主体、无违规教学站点、无违规宣传广告为治理目标，统筹协调好各方资源，开展高等学历继续教育广告发布管理专项行动。切实督促广告发布主体自觉加强行业自律，规范广告发布行为。二是聚焦重点抓推进。制定广告发布管理规范，统一规定发布渠道和方式，严格审查发布内容，规范发布流程、收费行为等。

督促各办学主体建立广告发布内控制度和管理机制，切实落实广告管理主体责任。建立广告协同监管机制，综合运用联合告诫、联合督查、联合惩戒等形式对违法广告进行协同监管，依法及时、严肃查处。清理违法违规教育广告，依法依规严厉查处。三是细化措施抓落实。建立协调联席会议制度，健全会商通报、分析研判、监测预警、综合施策等工作机制，形成整治工作合力。采取分段落实推进策略，会同本省相关部门按照自查自纠、集中整治和总结巩固三个阶段分步落实、有序推进。成立广告审查专员队伍，强化对省内高等学历继续教育广告发布管理的常态化"体检"。设置权威广告宣传专栏，在湖南省教育厅门户网站设置"高等学历继续教育"专属板块，明确省高等学历继续教育的合规办学体系、办学机构、招生渠道等信息。设立虚假广告宣传举报专线，充分发挥社会监督的作用。

6.2 国际交流与合作

6.2.1 开创高等继续教育国际交流与合作新格局

湖南省多措并举，高位推动高等继续教育的国际交流与合作。一是出台《湖南省高等学校招收和培养国际学生管理办法》，规范预科生、进修生，以及短期来华学习留学生的招收和培养，强化高等继续教育对国际学生的教育及管理。二是拓展高等继续教育国际交流与合作平台。湖南省和乌干达共和国政府教育部与体育运动部签订了教育合作框架协议，进一步深化与英国林肯郡的教育交流与合作，指导全省 50 余所高校与英国、乌干达两国高校签订合作协议，合办中外合作办学项目，出台政策支持优秀学生来湘留学，与国际优质教育机构加强学术研究、标准研制、师生交流等。三是持续支持海外办学。着力构建内外双循环发展格局，加快高校开放办学步伐，引导高校海外举办孔子学院（汉语中心），依托合作院校开办中文、专业培训班，传播中华文化。

2021 年，湖南高等继续教育坚持"引进来"与"走出去"并重，加快形成国际合作竞争新优势，进一步提升国际知名度与海外影响力。"引进来"，高等继续教育国际化办学规模有了新突破。全省 9 所高校参与了非学历留学生的招收与培养，共 474 人，较上年增长了 79.5%。全省 14 所高校参与举办国际合作培训项目 57 项，班次 73 个，培训 3080 人次，较上年成倍增长；培训项目主要集中于智能制造、铁路运输、公共管理、文化交流领域；由于疫情原因，培训方式不断创新，采用线上培训的项目有 34 项（见图 6-3）。"走出去"，高等继续教育出国传播中华文化。全省 8 所高校在境外举办孔子学院，开展中国文化教学，传播中华文化；全省 9 所高校，与"一带一路"国家加强教育交流与合作，共同完成合作项目 48 项，学员 2715 人次。

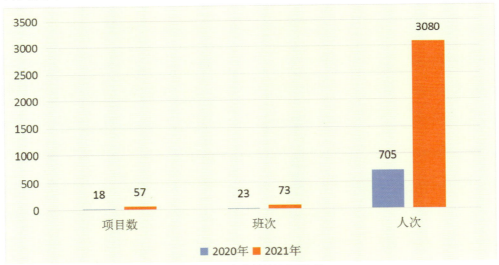

▲图 6-3　2021 年全省高等继续教育国际合作培训项目情况
数据来源：湖南省高等继续教育发展年度报告数据采集系统

案例 6-3　加强国际交流与合作，打造教育国际交流品牌

　　湖南高速铁路职业技术学院积极响应国家"一带一路"倡议，利用专业特色和人才优势，跟随高铁企业"走出去"，加强与东南亚国家、非洲国家的合作，实现产教深度融合，打造国际高铁职教品牌，

提升国际影响力。该校在与泰国交流合作中，积累了招收和培养国际学生的经验。一是加强教育教学管理，建立了责任明确、高效协同的管理制度，严把过程管理和培养质量监控关；二是将专业教学和文化交流深度融合，举办中泰学生联谊会、中秋联欢晚会、春节文化活动、中泰足球联赛等，让泰国学生感受中国文化的魅力；三是综合施策，努力解决语言障碍，中泰联合开展汉语教学，让中泰学生"结对子"，以及在泰国合作院校建立"高铁人才培训基地"等多种方式解决语言瓶颈。

湖南大众传媒职业技术学院是国家汉语国际推广领导小组办公室设立在湖南的"国际汉语言文化传播基地"，是马尔代夫维拉学院汉语中心（孔子学院）的中方承办院校。该院积极助力中华文化"走出去"，着力推进中外人文交流，推动构建人类命运共同体，连续12年协办"汉语桥"世界大学生中文比赛成功开展。该院为各国青年相聚"汉语桥"，提高汉语水平、体验中华文化，做了大量工作，也在中国与世界各国中间架起了一座心灵沟通的语言之桥，让"汉语桥"成为湖南对外交流的一张靓丽名片和学院教育国际交流品牌项目。该院荣获由教育部中外语言交流合作中心颁发的"汉语桥"20周年突出贡献奖。

6.2.2 高等继续教育书写服务"一带一路"新篇章

全省各有关高校贯彻落实教育部《推进共建"一带一路"教育行动》，加强与"一带一路"国家的教育合作，为共建"一带一路"提供人才支撑。湖南省高等继续教育发挥高校专业优势，打造以"汉语＋技能""专业＋文化"为核心的国际化办学模式和人才培养模式，精准对接"一带一路"国家人才培养需求，为其提供来华留学、研修访学、职业教育培训等服务，培养、培训专业技能型人才3189人次。同时，湖南高等继续教育积极服务"湘企出海"行动计划，围绕工程机械、轨道交通、路桥房建、现代农业、能源开发、矿产资源开发、生物医药等湖南优势产业，精准对接"出海"湘企人才需求，组织学历继续教育提升，开展各层次专业技术培训，为"湘企出海"解决人才需求痛点，助力湘企湘品开拓国际市场。

案例 6-4　助力"一带一路"建设，参与推进"湘企出海"行动计划

　　长沙民政职业技术学院积极服务国家"一带一路"倡议，与老挝、马来西亚、柬埔寨、菲律宾等国家构建了立体化、多维度合作体系，覆盖境外办学、来华留学、合作办学、师生交流、政校合作等多元项目。该校与老挝教体部签署《职业教育战略合作备忘录》合作框架，已结出硕果"中国—老挝职业教育战略合作项目"，成功立项为中国教育国际交流协会第三批"中国—东盟高职院校特色合作项目"。该项目以推动构建"中老命运共同体"为宗旨，以中老国际产能合作和老挝经济社会发展需求为导向，以《老挝职业教育国家标准》为引领，建立两国"双向职业教育培训基地"，并携手老挝湘锋商旅国际发展有限公司等"走出去"企业，开展多元职业技能培训，助力"湘企出海"。

　　湖南外贸职业学院坚持打造湖南国际经贸职业教育集团、中非经贸合作职业教育产教联盟、湖南省跨境电子商务产教联盟、湖南省职成学会高职外经贸类专委会等多个外向型的平台，推进学校产教融合与校企合作，形成了以援外培训与技术合作为核心的对外交流与合作品牌，为湖南对外开放提供技术技能型人才的支撑与智力的支持。同时，该校借助援外培训平台与职业教育技术合作项目,,助推"湘企出海"与"湘品出境"。12年来，该校为124个国家上万名技术人员开设培训班；通过委派专家组，驻（赴）南苏丹、布基纳法索等多个国家实施境外技术援助项目，成功推动湖南"楚怡"职教品牌深耕非洲，助力"湘企出海"。

6.3 教育教学研究与成果

6.3.1 高等继续教育构筑教育教学研究新生态

湖南省聚焦高等继续教育发展，多渠道、多维度鼓励和支持学术界开展教育教学理论研究，不断优化教育教学研究环境。一是组建理论智库和专家团队。主动引导专家学者、高校教师、高等继续教育一线从业者等，组建理论智库和专家团队，广泛开展理论和政策研究，探寻高等继续教育发展规律，形成促进高等继续教育科学发展的研究成果。2021 年，在省内高校、科研院所组建了高等继续教育智库和研究团队近 50 个，逐步壮大理论研究队伍，高质量完成多项理论课题研究，提交多个优质政策提案，并被有关厅局采用。二是科学研究成果丰硕。2021 年，省社会科学基金项目、省自然科学基金项目、省教育规划项目、省科教联合基金项目、省教育教学改革项目等科研项目申报全部向高等继续教育敞开，其中省教育规划项目和省教育教学改革项目还设置了高等继续教育研究专项，大力支持高等继续教育理论研究，全年共立项高等继续教育省级项目 134 项。省教育厅职业与成人教育处处长崔书芳撰写《规范广告发布，净化高等学历继续教育发展环境》理论文章，所起到的模范带头作用明显。省内专家学者、教师共在省级以上刊物发表论文 219 篇，出版包括教材在内的著作 208 本。三是委托重点项目强化政策研究。委托省内 2 个智库和专家团队，开展高等继续教育发展报告、湖南开放大学综合改革方案、湖南省高等继续教育校外站点管理办法等制度文件的编制项目，均取得了阶段性成果。

6.3.2 高等继续教育科研成果取得新突破

2021 年，湖南省高等继续教育相关教学科研成果丰硕，其中"餐饮服务实务"等 3 门高等学历继续教育课程立项为湖南省 2021 年课程思政示范项目，"职继融合背景下湖南终身教育学分银行体系构建"等项目分获省教学成果奖一等奖 1 项，二等奖、三等奖各 3 项。科学理论研究成果主要聚焦高等继续教育改革发展、教育教学、服务功能等多个维度（见表 6-1），为全省高等继续教育发展实践，提供了科学建设路径和理论支撑，指导作用明显。一是聚焦高等继续教育改革发展。有《基于共享治理的湖南社区教育管理模式创新研究》《我国终身学习立法的实质条件及其评价标准研究》等 17 个研究项目、28 篇论文，围绕高等继续教育转型发展、规范发展、创新发展主题;《高等学历继续教育中"双成"一体化教育体系构建与实践研究》《构建高校非学历继续教育高质量课程思政体系的研究与实践》等 15 个研究项目、25 篇论文从学历继续教育、非学历教育视角谈高等继续教育改革。二是聚焦高等继续教育教学改革。89 个研究项目、145 篇论文集中探讨了高等继续教育教学方法、教育信息化、师资队伍建设、资源建设、教材选用等。三是聚焦高等继续教育服务功能。13 个研究项目、21 篇论文重点研究高等继续教育服务湖南省"三高四新"战略、乡村振兴、国家"一带一路"倡议、终身教育和学习型社会等问题。（见表 6-1）

表 6-1　2021 年高等继续教育科研成果情况

维度	项目（个）	论文（篇）
聚焦高等继续教育改革发展	32	53
聚焦高等继续教育教学改革	89	145
聚焦高等继续教育服务功能	13	21

数据来源：湖南省各有关科研项目立项文件、中国知网论文统计

7. 问题挑战

2021 年是"十四五"规划的开局之年，湖南省高等继续教育规模保持稳定发展的良好局面，治理体系逐步健全，多元化办学格局日益完善，为区域经济发展，特别是助推湖南省"三高四新"战略提供了重要的人才支撑。与此同时，全省高等继续教育与社会转型发展不相匹配的问题也日益明显。

7.1　优质供给纾困乏力

一是高等继续教育专业布局调整有待加强。2021 年，全省各高校停办高等学历继续教育专业点近 252 个，设置新专业点 114 个，在全国 30 余个省市自治区开设服务区域经济发展的专业点 1887 个，专业布局持续优化。但是，湖南省高等学历继续教育围绕国家发展战略、行业人才需求和全省区域经济发展需要设置专业不够精准，致使很多专业招不到学生;围绕服务湖南省"三高四新"战略重点产业,适应社会老龄化趋势等进行专业布局和调整不够有力，主动对接新经济、新业态、新技术、新职业设置的相关专业占比不高;高等职业学校专业设置优势不明显，品牌影响力不足，年招生人数仅占普通本科高校的二成。

二是非学历教育服务能力有待提升。2021 年，全省举办非学历教育的高校数量达到 93 所，培训项目数量和培训人数较上一年大幅增长，特别是在线培训呈爆发式增长。但是，办出具有市场竞争力品牌的高校数量为数不多，主要是中南大学、湖南大学、湖南师范大学等几所重点本科高校，其他大部分高校培训品牌影响力有限，举办培训项目的数量相对较少，其中培训项目少于 10 项的高校就有 24 所;提供高端培训项目、服务行业转型升级的高校数量较少，培训项目不聚集，除了湖南邮电职业技术学院、保险职业学院、湖南高速铁路职业技术学院、长沙航空职业技术学院等高校承担了大量行业业务培训，如针对在校大学生的培训项目就多达 282 项，培训人次 39.21 万人次，其他大部分高校对接行业的培训项目较少。

7.2 规范管理不够精细

一是高等继续教育管理机制有待健全。湖南省认真贯彻落实教育部高等学历继续教育专业设置、规范招生、教材选用、校外教学站点设置、网络学习空间建设、非学历教育管理等最新文件精神，规范高等继续教育办学，但在制定配套政策措施方面相对滞后，特别是与社会新发展阶段相适应的继续教育办学体系、标准体系、管理体系、评价体系尚未形成。湖南省加强高等继续教育事中事后管理和服务，主要以拟招生专业填报、人才培养方案检查、成人函授站审查备案、高等继续教育年报编制等方式为抓手，落实常态化监管职责，但监管方式相对粗放，监管措施相对有限，管理体制机制也缺少创新，约束激励导向作用发挥不明显。

二是高校管理体制和运行机制有待完善。湖南省各高校持续完善高等继续教育管理制度，不断加强高等继续教育规范管理，但是管理体制和运行机制与国家、地方、高校自身综合改革的新情况、新要求脱节，未能有效与市场衔接，管理和服务理念跟不上形势的发展变化。近一半高校管理体制是"管办一体"，高等继续教育相关单位既是管理单位，又是办学单位，权责不清，存在一定的风险隐患；部分高校高等继续教育组织机构臃肿，办事效率低，工作人员相对固化，轮岗频次低，消耗了干事创业的激情；部分高校对校外设点单位办学条件考察不够，对校外教学点教学过程的监管流于形式等。

7.3　内涵发展步伐缓慢

一是高等继续教育发展尚需规范提质。"大干快上"的专业开设模式在一些高校依然存在,其中个别高校没有客观准确衡量开设新专业的条件,存在"拍脑袋"设置专业;也有个别高校错估行业市场前景和社会发展,设置了看似热门实则前景黯淡的专业,以致高等学历继续教育课程体系、教学模式、教育教学资源配给等方面存在空心化、缩减配置的情况。评价标准和办学质量抽查、评估机制不完善,非学历教育培训内容的适应性、灵活性和有效性有待增强,特别是线上教学常态化,而原来针对线下教育教学的考评体系并非完全适用,适合网络教学规律的考评体系亟须建立并不断完善。

二是高等继续教育办学定位不够清晰。高等继续教育是打造学习型社会的重要推动力,但部分高校对继续教育的现实需求认识不足,办学目标不够明确,投入资源相对有限。全省各高校的数字化教学资源碎片化特征明显,理论知识体系不强,聚焦高等学历继续教育的数字化教学资源相对较少,且与课程教材版本不匹配,难以有效满足高等继续教育学生线上学习需求。部分高校对校外教学点及其教学过程的监管有限,给"买卖文凭"灰色交易留下了可操作的空间。从整体情况来看,各举办高校办学模式、课程设置上趋同现象依然存在,资源建设重复率高,学历继续教育对全日制教育依赖性大。

8. 对策建议

8.1　实施高等继续教育质量提升工程

一是进一步调整专业布局。全省高等继续教育要持续聚焦湖南"三高四新"战略发展人才需求，调整粗放式的规模化发展路径，按照专业调整规划，立足高校专业优势，重点布局先进装备制造业、战略性新兴产业、食品医药、智能制造、现代服务业等产业人才继续教育。面对老龄社会来临的现实情况，适当增加社区教育、老年教育、家庭教育领域的高技能人才继续教育服务，强化乡村振兴人才培养。

二是着力提升人才培养质量。加快推进高等继续教育转型发展，深化人才培养模式改革，探索高等继续教育内涵发展的新思路、新模式、新路径，构建高等学历继续教育和非学历教育协调发展的办学格局。充分发挥学校一流师资、资源和学科优势，以课程建设为核心设计课程模块，制定符合社会需要的培训项目和课程体系，塑造高等继续教育品牌，提升高等继续教育竞争力。依据成人教育和职业培训特点，创新高等继续教育教学方法，积极探索"线上自学与线下教学、校内授课与校外实践"双结合的教学模式。建立常态化监管和临时性调研测评相结合的监管机制，压实高校的办学主体责任，严把人才培养质量关。

8.2　深化高等继续教育体制机制改革

一是出台高等继续教育规范办学的政策举措。深入贯彻落实教育部关于印发《普通高等学校举办非学历教育管理规定（试行）》的通知和《关于加强高等学历继续教育专业设置与管理有关工作的通知》等精神，指导全省各高校对标对表文件要求，统筹做好专业设置、规范招生宣传、教材建设与管理、校外教学站点设置与管理、网络学习空间应用普及、非学历教育管理等，有序推进相关问题自查自纠和落实整改，并结合湖南省继续教育发展的实际情况，理顺高等继续教育转型背景下的办学体制和监管机制，以高等继续教育高质量发展为目标，尽快出台相关配套政策文件和工作举措。

二是健全高等继续教育管理体制机制。充分发挥各级教育主管部门监督管理作用，切实强化高校办学主体责任，引导高校对接市场需求，根据国家、地方的政策要求和高校自身综合改革的实际情况，加快推进高等继续教育管理体制改革，实行"管办分离"模式，健全工作机制，规范高等继续教育科学发展。持续完善考评体系，健全激励约束机制，充分调动教职工工作积极性和创造性，推进高等继续教育高质量发展。

8.3 推进高等继续教育高质量发展

一是加快推进高等继续教育转型发展。湖南省高等继续教育要聚焦产业转型升级、人才战略调整以及促进就业的客观需求，加快推动高等学历继续教育专业布局调整，不断提升人才培养质量，切实使非学历教育业务培训向职业技能方向转变。全省各高校根据自身办学层次、所在区域经济社会发展水平、全日制教育的优势学科专业、新产业发展与学员学习需求，明确高等继续教育办学定位，科学实施分层办学，推动高等继续教育与职业教育的融合发展。在高等教育大众化、普及化的背景下，一般本科院校和高等职业学校需要继续承担成人学历补偿教育任务，满足社会对本科、专科的学历提升需求；重点本科院校可创新办学机制和人才培养模式，开办研究生层次的学历继续教育，落实"建成服务全民终身学习的现代教育体系"的目标，加快推进学习型社会建设。全省各高校要主动承担区域内或行业内的非学历教育，打造特色培训体系，有序开拓高层次、高水平培训项目。

二是创新办学监管和质量监测渠道。湖南省要大力实施"互联网＋教育"行动计划，搭建高等继续教育省级公共服务平台，有效整合全省高校数字化教育教学资源，形成高等继续教育发展合力，推进全省高等继续教育高质量均衡发展。这也有助于教育行政部门智能化监管，实现体系化、实时化、闭环化的监测预警以及数字化、系统化、自动化的质量评价。全省各高校要充分运用大数据、人工智能等技术手段，创新高等继续教育办学管理方式，加强招生、教学、考试、学籍、证书、收费等各环节的全流程管理，提高办学管理的数字化、智能化水平。同时，全省各高校要全面加强对学历继续教育教师线上教学、学生线上学习的日常监测，将教学效果、学习状态计入教师考核和学生评价，精准判断学生学习状态与教师教学质量，实现个性诊断与即时干预。

后　记

　　2022 年 5 月，湖南省教育厅印发了《关于做好 2021 年高等继续教育发展报告编制工作的通知》，正式启动了 2021 年全省高等继续教育发展报告的编制工作。湖南省教育厅委托湖南大众传媒职业技术学院许德雅副教授牵头，从湖南大众传媒职业技术学院、湖南开放大学、湖南生物机电职业技术学院等省内多所高校抽调继续教育领域近 20 位专家组成全省高等继续教育发展报告编制工作项目组（以下简称"项目组"）。项目组组织全省各有关高校填报数据，编写年度发展报告和特色案例，并及时收集整理、归纳分析，提出省级报告的框架及撰写内容，多次征求省级教育行政部门、省教育科学研究机构、高校及继续教育领域内专家的意见，形成了本报告。报告全面呈现了 2021 年湖南省高等继续教育发展的现状，总结了成绩和贡献，分析了不足和挑战，为新时期高等继续教育改革创新提供了方向指导，也为教育行政部门科学决策提供了借鉴参考。

　　本报告的形成是湖南省教育厅、全省各高校和行业专家以及从业者共同努力的结果。本书出版之际，由衷地感谢在编写过程中湖南省教育厅、湖南省教育科学研究院、全省各高校给予的大力支持和专业指导。同时，也诚挚地感谢参与本报告资料收集、整理、研究和编撰工作的项目组成员。

　　因时间仓促，报告在数据收集、内容编写等方面还存在一定的不足，现状报告和趋势分析还不够全面深入，报告的参考咨询价值还有待进一步提升。如有疏漏和不足，敬请批评指正。

《湖南省高等继续教育发展年度报告（2021）》编委会
2023 年 6 月

图书在版编目（CIP）数据

湖南省高等继续教育发展年度报告.2021/湖南大众传媒职业技术学院编著.——长沙：湖南师范大学出版社，2023.8
ISBN 978-7-5648-5028-9

Ⅰ.①湖… Ⅱ.①湖… Ⅲ.①高等学校－继续教育－研究报告－湖南－2021 Ⅳ.①G72

中国版本图书馆CIP数据核字（2023）第145091号

HUNAN SHENG GAODENG JIXU JIAOYU FAZHAN NIANDU BAOGAO(2021)
湖南省高等继续教育发展年度报告（2021）

湖南大众传媒职业技术学院　编著
许德雅　主编

出 版 人｜吴真文
责任编辑｜周基东　尹京兰
责任校对｜王　璞

出版发行｜湖南师范大学出版社
　　　　　地址：长沙市岳麓区麓山路36号　邮编：410081
　　　　　电话：0731-88853867　88872751
　　　　　传真：0731-88872636
　　　　　网址：https://press.hunnu.edu.cn/
经　　销｜湖南省新华书店
印　　刷｜长沙雅佳印刷有限公司

开　　本｜710 mm×1000 mm　　1/16
印　　张｜7
字　　数｜120千字
版　　次｜2023年8月第1版
印　　次｜2023年8月第1次印刷
书　　号｜ISBN 978-7-5648-5028-9

定　　价｜48.00元

著作权所有，请勿擅用本书制作各类出版物，违者必究。